주제별 성경연구

한국교회가 잃어버린 신앙의 기초 12가지

주제별 성경연구

한국교회가 잃어버린 신앙의 기초 12가지

차   례

단단한 선교공동체를 위한
성경공부 지침서

18년 전 사당3동에서 개척하고 그 후로 여러 번 장소를 옮겨가면서 성장해 온 하나교회는 코로나 시국의 엄정한 환경에서도 꾸준히 도약해서 마침내 사당동에 땅을 사고 건물을 지어 입당했다. 그리고 도서출판 누림과 이룸을 통해 새로운 관점과 지식을 전달하는 책들을 출판하고 있다. 또한, 페이스북에 성경연구 자료와 주일 설교를 중계하고 있는데, 그중에는 대화체로 전달하는 단칼같은 시편 묵상 아포리즘이 날로 인기를 얻어가고 있다. 오랜 성경공부의 경험과 날카롭게 벼려지고 다듬어진 신령한 복음의 말씀이 생활 한복판을 파고드는 은혜의 말씀으로 독자들의 심금을 울린다. 설교와 성경공부, 그리고 아포리즘의 메시지가 총공세를 펴면서 하나교회 선교공동체가 더욱 단단히 구축되고 있다.

정영구 목사는 성경공부에 모두를 거는 목사 같다. 그의 말 중에 지금도 생생하게 기억하는 말은 자신은 고2 때부터 교회에서 성경공부를 시작했는데 지금도 여전히 성경공부를 하고 있다는 것이었다. 실제로 그는 성경공부를 매개로 해서 목회를 활성화하고 있으며, 각종 성경공부 모임을 주도하고 있다. 특히 미국 유학을 가서도 바이올라대학교 탈봇신학대학원을 다녔다. 성경 본문에 충실한 석사과정을 마치면서도 그는 꾸준히 성경 영해領解에 매달려 살았다. 지금도 교우들과의 성경공부뿐만 아니라 지역주민들이나 교역자, 평신도, 전문가 그룹들을 상대로 꾸준히 성경공부를 이어가고 있다.

그는 현대목회의 한 축을 성경공부로 파악했다. 그러고는 제자 만들기가 목적인 공부 프로그램이 아니라 성도들을 견인하는, 다시 말해 내적 치유와 성도 간의 교제를 확실하게 굳히기 위한 귀납적 성경공부를 주도하고 있다. 그는 실제로 교회와 성도의 실생활에 적용할 수 있는 본문 읽기를 시도하면서 대화법으로 구성된, 쉽고도 이해하기 쉬운 성경공부를 이끌고 있다. 그는 성경공부를 주일날 이루어지는 강단 설교와 함께 성도 양육에 필수적인 교육 활동이자 친교 활동으로 이해하는 듯싶다.

이번에 선보인 『한국교회가 잃어버린 신앙의 기초 12가지』는 인간 영혼의 구원과 실체적 존재인 성도들의 삶에 파고들어 선재적 은총을 전파하고 있어 그의 영적 카리스마가 숨 쉬는 메시지를 전해들을 수 있다. 특히 이번 책에서는 논쟁적인 연구 주제인 원복 Original Blessing을 다루고 있다. 덕분에 하나교회 공동체는 현대 교회가 잊고 있는 말씀증거와 영적 편안함이 넘치는 공동체 교회로서 부흥하고 있다. 새로 지은 교회라서가 아니라 말씀의 창고가 가득 차고 성도들의 추수가 풍성하기 때문일 것이다.

이상윤 목사 감리교미래정책연구원 원장

영혼을 깨워 살리는 아름다운 책

　학창시절 〈감신학보〉를 만들며 멋진 기사를 썼던 학생이 수십
년이 지난 후 중견 목회자가 되어 큰 울림을 주는 귀한 책을 출판
했다. 코로나 상황에서 힘겹게 교회를 건축한 후 그 공간에서 예배
할 성도들을 위한 성서연구 결과물을 묶어 낸 것이다. 주지하듯 교
회는 많고 성도의 숫자도 적지 않지만 신앙의 기초가 없어 쉽게 허
물어지는 공동체가 주변에 너무도 많다. 목사들 또한 신앙의 뿌리
를 내리지 못한 채 이리저리 휘둘리며 목회하는 사례도 자주 접한
다. 이런 현실에서 이렇듯 탄탄하게 성서와 신학, 교회를 설명하는
믿음의 교과서가 세상에 나왔으니 정영구 목사의 공이 크고 많다.
　이 책은 성서를 영적으로 읽은 결과물이다. 성서를 여러 형태의
비평적 방식으로 읽는 것도 필요하지만 결국 성서는 영적으로 독
해할 책이다. 내가 안식일을 지키지만 정작 안식일이 나를 지켜주
듯, 성서를 읽는 나와 내 삶을 성서가 지켜주기 때문이다. 편협한
자아罪性를 깨부수는 것이 나를 지키는 복음의 능력이자 교회 공동
체가 존재할 이유다. '오직 믿음'이 중세 가톨릭교회의 면죄부보다
더 타락했다고 조롱받지만 저자는 믿음의 능력을 확신한다. 자신

10

을 거룩하게 만들지 못하는 믿음을 단연코 거부한다. 아울러 저자는 믿음이 항시 공동체를 위한 것임을 한순간도 잊지 않았다. 인간이란 상호 의존적으로 존재할 수밖에 없는 까닭일 것이다. 그렇기에 먼 훗날이 아니라 '지금 여기' 나의 삶의 자리에서 믿음의 힘, 곧 복음의 능력이 드러나길 소망했다. 이 모든 것은 인간에 대한 하느님의 신뢰, 곧 은총에서 비롯한다고 믿으면서 말이다. 하여 저자는 전통적인 원죄론보다 '원복(원은총)'의 시각에서 인간을 이해했다. 이는 십자가가 인간을 사랑하는 하느님의 자기 포기의 사건이라는 언술과도 같은 맥락이다. 우리도 결국 그처럼 살 수 있기를 바라면서 말이다. 이 책 마지막 장에 '자기 포기', '자기 부인' 항목이 있는 이유도 여기에 있다. 저자는 협소한 자기주장에서 벗어나 공동체 안에서 세상과 다른 삶을 사는 것이 구원의 징표이자 복음의 능력인 것을 누차 강조했다.

학보사에서 신문을 만들었던 경험 때문인지 문장이 매우 수려하다. 말을 글로 만들고 글을 말로 전하는 능력이 아주 출중하다. 깊은 사색과 많은 경험 탓에 성서를 살아 있는 작금의 언어로 비유, 설명했기에 읽는 글마다 설득력이 강하다. 따라서 이 책이 신앙의 기초를 잃어버린 한국교회 성도들에게, 때로는 성직자들에게 자극과 격려가 될 것을 추호도 의심치 않는다. 이만한 성서 풀이 능력을 지닌 목회자를 만나기는 쉽지 않을 것이다. 아무쪼록 긴 시간 생각하고 다시 생각하여 엮은 이 책이 한국교회를 살리는 멋진 신앙 교과서가 되길 바라며 기쁜 마음으로 추천사를 쓴다.

이정배 교수 전 감리교신학대학교

성숙에 이르는 길

이 책은 매우 친절하다. 무엇보다 복음과 구원에 대해 자세하게 말하고 싶은 간절함이 담겨 있다. 일반적으로 우리가 알고 있는 내용의 또 다른 버전이 아니라 어떻게 하면 성숙에 이를 수 있는지까지 설명하고 있기 때문이다.

이 같은 접근은 저자가 수십 년 동안 목회 현장에서 직접 교인들을 양육했던 경험과 시행착오를 거치면서 깨닫게 된 진지한 추구의 결과라는 것을 한눈에 볼 수 있었다. 그런 까닭에 이 책은 흔히 볼 수 있는 책들의 일반적인 배열이나 순서와는 다르다. 복음으로 시작하지만 제자훈련과 그 결과로서 자기 부정으로 권리 포기에 이르는 길까지 매우 차근차근 설명한다. 분명, 전체 주제를 풀어낸 글도 잘 읽히지만, 그동안 막히고 궁금했던 궁금증이 시원하게 풀리는 경험을 하게 될 것이다.

그러므로 복음과 신앙 그리고 성숙을 추구하는 이들에게는 매우 중요한 나침반이 될 것이고, 목회자들에게는 어떻게 교인들을 가르치고 양육해야 하는지를 알 수 있도록 돕는 안내서가 되리라 믿는다. 매우 진지하게 이 책을 추천하는 이유다.

하정완 목사 꿈이있는교회 담임

하나님 나라 생명공동체를 위하여

여전히 나는 예수 그리스도를 먹고, 예수 그리스도를 살고, 예수 그리스도를 나누는 하나님 나라 생명공동체를 꿈꾼다. 그리스도인으로 산다는 것은 무엇을 의미하는지, 교회 공동체 안에서 장성한 분량까지 자라나기 위해 우리가 무엇을 해야 하는지를 진지하게 물을 수밖에 없는 시대가 왔다. 더구나 코로나 이후 교회는 여전히 유효한가, 라는 물음에 직면했다.

그 물음들에 대한 나의 대답은 늘 말씀 운동이었다. 말씀이 신앙이 되고, 말씀이 생활이 되고, 말씀이 체질이 되는 말씀의 생명력과 말씀의 생명공동체가 필요하다. 그 생명은 목적이 아니고 하나님이 우리에게 주시는 열매일 뿐이다. 말씀은 우리를 하나님 앞에서나 사람들 앞에서 온전함과 완전함에 이르게 해서 영원한 생명을 소유하게 한다. 영원한 생명을 꿈꾸는 자는 하나님 나라를 지금, 여기서 훈련받아 몸을 이루는 삶을 살아내야 한다. 바로 교회라는 공동체 속에서 더욱 적극적으로 인내함으로써 하나님이 약속하신 영원한 생명을 비로소 소유할 수 있다는 말이다.

12가지 주제로 구성된 이 성경연구의 목적은 불과 방망이 같은 말씀이 우리의 자아를 깨지게 만들어 하나님 나라를 지금, 이곳에서 살 수 있도록 도움이 되게 하려는 것이다. 모쪼록 이 책을 읽는 모든 분이 영적으로 성장하고 성숙해지는 길라잡이가 되고, 하나님 나라 공동체를 이루는 생명의 연합들로 올곧게 세워지는 초석이 되기를 바란다.

이 책의 초고는 2007년 강화지역에서 목회하는 목회자 중 말씀운동을 함께하는 강화성서모임에서 강의했던 것을 편집, 정리한 것이다. 이 책이 나오기까지 보이지 않는 분들의 도움이 있었다. 먼저 말씀 강의를 그대로 녹취해서 문서로 만들어주신 강화성서모임의 목사님들께 감사드린다. 특히 먼저 제안하고 앞장서서 이끌어 주신 한원식 목사님에게 감사드린다. 또한, 이 책이 나오기까지 각자의 일을 뒤로하고 교정과 편집에 힘써 준 〈누림과 이룸〉 편집팀에도 감사드린다. 이 책의 출간을 기대하며 오래전에 기꺼이 헌금해 주신 김성현 집사님과 성순자 권사님에게도 감사를 드린다. 늘 곁에서 응원해 주는 사랑하는 아내와 우리, 우진이에게도 고마운 마음을 전한다.

이 책은 실제 목회 현장에서 활용했던 것들을 토대로 재구성한 것이다. 이 책의 내용으로 강의를 들었거나 함께 나눴던 수많은 분들에게 다시 한번 감사드린다.

끝으로 추천사를 써 주신 나의 멘토이신 이상윤 목사님과 존경하는 하정완 목사님, 감리교신학대학교 학보사 편집주간이며 스승이신 이정배 교수님께도 진심으로 감사드린다.

정영구 목사 하나교회 담임

주제별
성경연구

1부

말씀

요한일서 1장 1절 태초부터 있는 생명의 말씀에 관하여는 우리가 들은 바요 눈으

로 본 바요 자세히 보고 우리의 손으로 만진 바라

생명의 말씀, 지식의 말씀

　사람들 대부분은 생명의 말씀을 '지식' 습득의 과정으로 받아들인다. 말씀을 지식으로만 이해하고 받아들이면 생명의 말씀을 옳고 그름의 잣대로 쓰게 된다. 그렇게 되면 말씀으로 다른 사람을 정죄할 수밖에 없다. 아담과 하와가 선악과를 먹는 순간부터 '저 사람 때문이에요'라고 했던 것처럼, 분별력이 생명을 심판하고 정죄하는 무기가 되는 것이다. 말씀이 지식이 되면 남을 정죄하면서 자신의 치부를 가리기 위해 숨어서 옷을 만들어 입게 된다. 말씀이 지식으로 쌓일수록 잘잘못을 가리는 일은 더욱 늘어나고 점점 교만해진다. 하나님이 경고하신 대로 지식으로 받아들인 말씀은 교만 때문에 스스로를 망친다.

　마태복음 13장 씨 뿌리는 비유의 말씀에서 이 결과를 잘 설명하고 있다. 뿌려진 씨는 빛과 물로 자란다. 그런데 길가에 떨어진 씨는 씨를 자라게 하는 햇볕에 타서 말라죽는다. 빛이 생명의 근원임에도 불구하고 그 빛 때문에 씨가 말라서 죽는 이유는 생명의 말씀을 지식으로 받아들였기 때문이다. 말씀을 잘못 들어서 망하게 되었으니 차라리 듣지 않는 것만 못하다.

교회에서도 이런 사람을 자주 보게 된다. 교회에서 가장 무서운 사람이 기도 많이 하는 사람, 봉사 많이 하는 사람이라고 하지 않는가. 그런 분들은 아파서 입원한 교인에게 심방 가서는 '아이고 내가 그럴 줄 알았어. 내가 매 맞을 줄 알았어. 그렇게 기도 안 하고, 새벽예배 안 나오더니…'라고 말하며 안타까워한다. 그래서 암에 걸려 병원에 입원한 어떤 교인은 교인들이 와서 한마디씩 하는 게 싫어서 교인들의 면회는 사절했다고 한다.

생명의 말씀에는 본질과 본체와 본성이 있다. 말씀의 본질은 하나님이다. 말씀의 본체는 예수 그리스도, 본성은 성령님이다. 하나님이 말씀이고, 예수님이 말씀의 실체이며, 성령님이 말씀의 본성이라는 의미다. 말씀의 본질인 하나님은 곧 사랑 그 자체다. 그리고 말씀의 본체가 예수 그리스도이니 말씀이 드러나면 드러날수록 사랑의 관계가 이루어진다. 또한 말씀의 본성인 성령님은 사랑으로 섬기는 모습으로 나타나게 되어 있다. 하나님의 '사랑', 예수 그리스도의 '사랑의 관계', 성령님의 '사랑의 섬김'이 곧 '생명의 말씀'이다.

생명의 말씀이 바르게 실천되면 두 가지 열매로 나타난다. 하나는 내 성품이 바뀐다. 갈라디아서에 나오는 성령의 아홉 가지 열매가 다 성품에 관한 것이다. 그런데 사실 이 열매는 아홉 가지가 아니고 한 가지다. 영어 성경에서 성령의 열매는 'the fruit of the Spirit is'로 복수가 아니라 단수로 표현되어 있다. 그래서 '나는 충성은 하는데 절제할 줄은 몰라'라고 할 수 없다. 절제와 충성의 성품은 때마다 다르게 나타나는 현상이지만 본질은 하나다. 하나님의 '사랑', 예수 그리스도의 '사랑의 관계', 성령님의 '사랑의 섬김'으로 성품이 바뀌니까 어떤 때는 절제하게 되고, 어떤 때는 충성하게 되고, 어떤 때는 사랑으로 나타난다. 그 결과로 공동체가 만들어진다. 성령의 열매를 가진 사람이 주변에 깊은 영향을 끼치기 때문이다. 이 영향력으로 공동체가 형성되는데, 그것이 교회다.

> 히브리서 4장 12절 하나님의 말씀은 살아 있고 활력이 있어 좌우에 날선 어떤 검보다도 예리하여 혼과 영과 및 관절과 골수를 찔러 쪼개기까지 하며 또 마음의 생각과 뜻을 판단하나니

말씀에는 생명력이 있고 운동력이 있다. 말씀을 받아들여 눈으로 보고, 귀로 듣고, 손으로 만진 것처럼 이해하기 시작하면 성품이 바뀌고 영향력이 생겨서 교회가 만들어진다. 공동체가 먼저 있는 것이 아니고 말씀이 먼저라는 말이다. 10년, 20년 말씀을 듣고 공부했는데 하나님의 '사랑', 예수 그리스도의 '사랑의 관계', 성령님의 '사랑의 섬김'이 드러나지 않고 성품도 바뀌지 않으며 아무런 영향력이 없다면 그것이 오히려 기적이다. 그 이유는 말씀을 계속 지식으로 듣고 있기 때문이다.

교회 안의 지체들과는 '생명 관계'를 맺어야 한다. 회사에서 비즈니스로 만나는 사람들과는 회사의 이득을 위해 관계를 맺는다. 따라서 서로에게 이득이 없으면 퇴사시키기도 한다. 이런 관계는 생명 관계라고 할 수 없다. 하지만 가족은 서로에게 이득이 되지 않는다고 해도 버리지 않는다. 아이가 잘못을 했다고 족보에서 이름을 지우지도 않는다. 가족의 일원이기에 오히려 다시 품어주고

가르친다. 그렇게 하는 이유는 바로 생명 관계이기 때문이다. 교회도 마찬가지다. 생명 관계를 맺는 지체들이 서로 사랑하고 품어주는 관계가 되어야 한다.

에베소서에서는 '나는 누구인가, 교회란 무엇인가'에 대해 말씀하는데 이것이 생명 관계다. 생명 관계에서는 지체들이 유기적으로 몸의 관계를 갖는다. 어머니는 아이들을 위해 아무런 불평 없이 음식을 차려주고 방을 청소해주며 몸으로 섬긴다. 몸의 관계란 이렇게 머리로만 이해하는 관계가 아니라 서로 섬기고 삶을 나누며, 공동체를 위해 먼저 자기가 가진 것을 나누는 관계다. 몸의 관계를 맺기 위해서 무엇보다 중요한 것은 '말씀'이다. 좋은 이데올로기를 가지고 있다고 교회 공동체가 유지되는 것이 아니고 생명 관계를 위한 말씀이 있어야 한다.

생명의 속성

생명에는 세 가지 속성이 있다.

첫째, 반드시 생명의 근원과 연결connection하려는 속성이다. 가뭄이나 홍수가 나면 나무가 살겠다고 뿌리를 깊이 내리는 것도 그런 이유다. 살아 있는 모든 생물은 생명과 연결되려고 끊임없이 노력한다. 아니, 그것이 물 흐르듯 자연스럽다. 죽은 것은 생명의 근원인 물과 빛에 더 이상 반응하지 않는다.

둘째, 반드시 자기 정체성에 따라 온전하고fullness 완전하게 perfection 성장하려는 속성이다. 머물러 있지 않고 도태되는 것을 안타까워하며, 늘 온전함과 완전함을 추구한다. 온전함이란 자기 수준의 최대치를 말하며, 완전함은 모든 생명체의 절대적 기준점이다. 내 수준만큼 살지 못하는 것은 한계와 오류가 있기 때문이다. 오류는 자신의 분량 안에서 잘못하는 것이고, 한계란 자기 분량의 최대치를 말한다. 온전함과 완전함을 이루기 위해 오류는 고치고 한계는 뛰어넘어야 한다.

셋째, 살면서 새로운 생명을 낳아 계대succeeding를 이어 가려는

속성이다. 자신을 닮은 새로운 생명을 낳아 양육하고 세대를 이어
가려는 속성이다. 구약성경에서는 보이는 세계의 육의 생명을, 신
약성경에서는 보이지 않는 세계의 영의 생명을 낳으라고 이야기한
다. 육이든 영이든 생명이 생명을 낳는 것은 자연스러운 일이고,
자신의 뜻을 다음세대로 이어 가려는 본질적인 속성이다.

말씀의 적용

먼저, 말씀은 믿음으로 들어야 한다. 하나님이 오늘 나에게 하시는 말씀이라는 믿음이 있어야 한다. 모든 말씀은 하나님의 말씀이다. 쓰여 있는 말씀이든 나타난 말씀이든 선포된 말씀이든 하나님의 말씀으로 들어야 한다. 말씀을 들으면서 '저 말씀은 누가 들어야 할 것 같은데, 이 말씀은 누구에게 얘기해 줘야지?'라고 생각하는 사람이 있다. 모든 말씀은 다른 사람이 아닌, 하나님이 나에게 주시는 말씀이다. 하나님 앞에서 깨어 있다면 하나님이 오늘 지금의 나에게 무슨 말씀을 하시는지 믿음으로 들어야 한다.

또한, 말씀을 '아멘'으로 인정해야 한다. 아멘은 'I agree with you, 나는 당신의 말에 동의합니다'라는 뜻이다. 천사가 와서 마리아에게 아이를 낳을 것이라고 했을 때 마리아는 '아멘' 하는 순간 죽음을 직면하게 되어 있었다. 그 당시에는 처녀가 아이를 가지면 돌에 맞아 죽었기 때문이다. 다시 말해 마리아의 '아멘'은 '내 생명을 걸겠습니다'라는 뜻이다. 초대교회 때도 '예수를 믿는가?'라고 물었을 때 '아멘' 하면 바로 죽었다. '아멘'이라는 말 속에는 진리에, 말씀에, 하나님에게 목숨을 걸겠다는 뜻이 담겨 있다.

그런데 오늘날 '아멘'이 너무 흔하게 오용된다. 부흥사가 집회를 인도하다가 '제 양복이 멋있지 않습니까?'라고 물었을 때는 '아멘'이라고 하면 안 된다. '아멘'이라는 말에는 하신 말씀을 삶 속에서 끈질기게 따라가며 살겠다는 의미가 담겨 있기 때문이다. 어떤 말씀에 '아멘' 하는 순간, 그것은 하나님을 기억하는 신앙의 표현이 된다. 아멘으로 화답해 말씀이 신앙이 되면 그 말씀이 내 안에서 일하기 시작한다. 내가 아니라 말씀이 일한다. 그러면 '신앙이 생활'이 되어 내 삶을 바꾸어 간다.

기독교는 내가 노력하는 종교가 아니고 마음을 수련하는 종교도 아니다. 기독교는 말씀으로 마음과 생각을 지키는 신앙이다. 죽기를 각오하고 말씀을 지키는 것이다. 그렇게 하면 신앙이 생활이 되어 내 체질이 바뀐다. '신앙이 체질'이 된 것이다. 매일 죄짓는 체질에서 하나님의 생명을 묵상하는 체질로 바뀌어 점점 생명 관계를 맺어가면서 마침내 '말씀이 생명'이 된다.

이렇게 신앙이 된 말씀이 생명을 살리고 생명을 사랑하고 생명을 나누는 관계로 변하기까지는 말씀을 적용하는 과정이 필요하다. 말씀을 눈으로 보고 귀로 듣고 손으로 만진 것처럼 실제 삶의 원리로 적용하며 살아야 한다.

창세기 45장에 나오는 요셉의 신앙 이야기는 말씀이 생명으로 나타난 좋은 사례다. 45장에서 형제들을 만난 요셉은 형제를 만난 기쁨 때문에 형들을 안고 운다. 그 모습을 우리는 도저히 이해할 수 없다. 형들은 요셉을 죽이려고 했던 원수나 다름 없기 때문이다. 그런데도 요셉은 그 원수들을 안고 기쁨의 눈물을 흘린다. 그러고는 형들에게 '하나님이 당신들을 구원하시기 위해 나를 앞서서 여기로 보내셨습니다. 하나님이 아버지의 집을 구원하시기 위해 나를 애굽의 총리로 삼으셨습니다.'라고 고백한다.

요셉이 '모든 것은 하나님의 주권에 따라 계획되고 움직여진다.'라고 믿으며 그 믿음을 삶에 그대로 적용했기 때문이다. 이런 신앙을 주권적 신앙이라고 한다. 요셉의 고백에는 하나님이 모든 일을 계획하고 움직인다고 믿는 신앙이 담겨 있다. 이 주권적 신앙을 가진 요셉을 이해하기 위해서는 내 상황이 좋으면 하나님에게 복을 받은 것이고, 나빠지면 벌을 받았다고 생각하는 이원론에서 벗어나야 한다.

하나님은 교회를 움직이는 동시에 이 세상도 움직이신다. 이 세상을 하나님이 움직이시기 때문에 절대로 우연히 일어난 일은 없으며 어떤 일이든 필연성이 있다. 이처럼 모든 일에 반드시 하나님의 뜻과 소원과 목적이 있다고 믿는 관점을 '하나님의 처소관'이라고 한다. 자신이 속한 공동체를 하나님이 필연적으로 만드셨고, 그 안에서 내가 이루어야 할 하나님의 뜻과 소원과 목적이 있다는 믿음이다. 따라서 하나님이 나에게 주신 장소処所가 지금의 나에게 최고의 자리요, 필연의 자리다. 이렇게 말하면 어떤 사람은 '그렇다면 세상일은 다 예정되어 있고 운명론이 아니냐'고 말한다. 하지만 이것은 운명론과는 거리가 멀다. 왜냐하면 하나님은 사람에게 자유의지라는 선물을 주셨기 때문이다. 하나님이 계획하셨지만 그 계획 안에서 믿음으로 반응할지 말지는 전적으로 사람에게 달려 있다. 요셉이 총리가 되는 과정을 통해서도 이를 쉽게 설명할 수 있다.

요셉은 크게 세 가지 시험을 통과했다.

첫째는 물 없는 구덩이 사건이고,

둘째는 보디발의 집에 노예로 팔려간 일이고,

셋째는 억울하게 감옥에 갇힌 일이다.

채색옷 입고 편애 받음 ⇒	물 없는 구덩이	보디발의 집	감옥	⇒ 총리가 됨
	기도	성실	인내	

〈표 1〉 요셉의 세 가지 시험

    요셉이 물 없는 구덩이에 빠진 사건을 보면서 우리는 요셉을 구덩이에 빠뜨린 것이 형들이라고 생각한다. 하지만 요셉은 하나님이 자신을 구덩이에 빠뜨렸다고 생각했다. 바로 이것이 '모든 일은 필연적이다'라는 관점이다. 이 일을 만든 이는 나도 다른 사람도 아닌, 하나님이라는 것이다. 그는 자신을 보디발의 집에 가게 한 것도 감옥에 가게 한 것도 하나님이 하신 일이라고 생각했다. 지금의 우리는 요셉의 탄생부터 죽음까지 그의 인생 전 과정을 모두 알고 있다. 왜 그곳에 가게 되었고 누구를 만났고 누구 때문에 그렇게 되었는지 결과를 모두 이해하고 있다. 그런데 결과를 알 수 없었던 당시의 요셉이 과정마다 하나님이 그렇게 하셨다고 고백했다.

    현대 심리학자들은 요셉이라는 인물을 연구하면서 그가 신앙을 가지고 있지 않았다면 아마도 미쳤거나 자살을 선택했을 가능성이 크다고 말한다. 어린 시절 아버지가 지어 준 채색옷을 입고 편애를 받으며 자란 요셉과 같은 사람은 자기중심적인 세계관에 빠질 확률이 높기 때문이다. 그런 사람은 힘든 사건이나 상황을 만났을 때 남을 탓하거나 자기 연민에 빠지는 경우가 많고 자신이 늘 인생의 주인공이라고 생각한다.

그렇게 채색옷을 입고 자라던 사람이 형들에게 따돌림을 당해 죽을 위험에 빠졌다. 가장 친근한 1차 관계가 완전히 무너진 인생이다. 게다가 부족함 없는 부유한 가정에서 살다가 갑자기 극심한 가난까지 경험하게 되었다. 가난한 사람이 갑자기 부자가 되었을 때 느끼는 문화적 충격은 어느 정도 이겨낼 수 있지만, 부자로 살던 사람이 갑자기 가난해지면 그 충격은 이겨내기 힘들다. 요셉은 보통 가난한 정도가 아닌, 자기 소유는 아무것도 없고 자유까지 빼앗긴 노예가 되었다. 게다가 억울하게 누명까지 쓰고 감옥에 갇혔다. 이런 상황에서 미치지 않은 것이 오히려 기적이다. 그런데 성경 어디에도 요셉이 하나님을 배반하고 무너졌다는 이야기가 없다.

요셉에게 창세기 45장에 나오는 주권적 신앙이 있었기 때문이다. 요셉이 당한 시험들은 하나님이 주셨다. 우리도 그와 같이 시험 안에서 하나님의 뜻과 소원과 목적을 찾아야 한다. 그것이 말씀의 바른 적용이다.

물 없는 구덩이는 사방이 다 막혔고 하늘만 열려 있었다. 그럴 때는 열려 있는 하늘을 보며 기도하는 것이 제대로 된 적용이다. 요셉은 기도하며 형제들을 용서했다. 물론 형제들에게 마음의 응어리가 있었다. 하지만 그는 비록 구덩이라도 하나님이 주신 그 자리에서 기도하며 형제들을 용서할 수 있었고, 구덩이에서 나오는 순간 형제들에 대한 원망도 내려놓을 수 있었다.

요셉은 보디발의 집에서도 성실하게 일하는 것으로 말씀을 바르게 적용했다. 마당을 쓸어도 보디발 앞이 아니라 하나님 앞에서 하는 것으로 여기며 종노릇에 최선을 다했다. 충성스러운 종노릇으로 다져진 성품은 요셉이 총리가 되었을 때 마침내 열매로 드러났다. 그런 시험을 통과하지 못했다면 요셉은 총리직을 감당하기 힘들었을 것이다.

감옥은 동서남북만이 아니라 하늘까지 막힌 곳이다. 기도조차 할 수 없었을 때 요셉이 인내하는 것으로 말씀을 적용했다. 술 시중 드는 사람에게 '나를 건져 주소서'라고 '나'를 내세웠던 요셉이 만 2년이 지난 뒤에는 '하나님이'라고 입술의 고백이 달라진다. '나'에서 '하나님'으로 주권이 바뀌기까지 그가 얼마나 인내했는지를 알 수 있다. 그는 말씀이 응할 때까지 기다렸다. 인내를 통해 생명을 살릴 수 있는 사람으로 자라났다.

그런데 말씀을 잘못 적용하면 반대의 결과가 나타난다. 만약 물 없는 구덩이에서 기도하지 않고 성실하게 땅굴을 팠다면 지나가던 상인들이 구덩이를 들여다봤더라도 그를 찾을 수 없었을 것이다. 마찬가지로 보디발의 집에서 성실하게 일하지 않고 열심히 기도만 했다면 비 오는 날 먼지가 나도록 주인에게 맞았을 것이다. 감옥에서도 인내하지 않고 성실하게 탈옥을 시도했다면 평생 영화 빠삐용의 주인공처럼 살았을 것이다. 이렇게 말씀을 잘못 적용하면 평생 고난받고 있다고 착각하면서 살게 된다. 그러면서 분명히 그것을 하나님의 저주라고 생각하고 살았을 것이다.

살다 보면 여러 가지 문제가 생긴다. 그 문젯거리는 어떤 때는 사건, 어떤 때는 상황, 또 어떤 때는 사람을 통해 우리에게 다가온다. 따라서 그 사건과 상황과 사람을 제대로 해석하고 적용하지 않으면 그 문제에서 절대로 벗어날 수 없다. 사건과 상황과 사람을 통해 하나님을 보면 원망과 불평만 생길 뿐이다. 주권적 신앙을 갖고 있는 사람은 그 안에 있는 하나님의 뜻과 소원과 목적을 찾는다. 말씀이 우리 삶에 살아 있으려면 오늘 나에게 주신 말씀이 나의 삶에 어떤 의미가 있는지를 찾아 적용해야 한다. 문자만으로 곧이곧대로 또는 원리로만 읽힌 말씀이 내 삶에서 육신으로 나타나기 위해서는 가장 작은 부분에까지 말씀을 적용해야 한다.

하나님이 니느웨성으로 가라고 했을 때 요나가 곧바로 '아멘' 하고 순종했다면 100배의 열매를 맺었을 것이다. 그런데 순종하지 않으니 풍랑이라는 사건을 주셨다. 그때라도 '아멘' 했다면 60배의 열매를 맺었을 텐데 그는 순종하지 않았다. 하나님이 그를 직접 큰 물고기 뱃속으로 들어가게 했을 때에야 요나는 '아멘' 하고 가서 최소한의 열매를 맺었다. 우리가 들은 말씀을 '아멘'으로 받았어도 실제로 말씀대로 살지 않으면 말씀을 이루기를 원하는 하나님은 계속해서 우리에게 사건과 상황과 사람을 주신다.

사랑의 속성

　사람은 사람과 관계하면서 사랑을 추구하며 살 수밖에 없는 존재로 창조되었다. 그런데 사랑에는 특별한 속성이 있다. 먼저 사랑은 내 문제를 정직하게 볼 수 있게 한다. 내가 사랑의 존재임을 깨닫는 순간, 나는 있는 그대로의 생각과 느낀 그대로의 감정을 표현할 수 있는 정직한 사람이 된다. 내가 부족하면 부족한 대로 감추려고 하지 않고 솔직하게 말한다. 내가 부족한 모습을 들키고 싶지 않아 가면을 쓰기 시작하면 자꾸 거짓을 말하게 되고, 거짓이 반복되면 망상에 빠지게 된다. 망상에 빠지면 잘못된 판단을 하고도 스스로 옳다고 확신한다. 거짓이나 꾸밈이 없는 정직함은 사랑에서 오는 것으로 자신의 연약함과 부족함까지도 숨기지 않고 드러낼 수 있다.

　마을에서 만난 어떤 분과 같이 일을 하게 되었는데 초면에 나이를 묻기가 좀 꺼려져서 몇 학번인지 물어보았다. 그랬더니 그분이 너무나 자연스럽게 '저는 고등학교만 졸업했습니다.'라고 대답했다. 그 대답을 듣는 순간 그분이 참 건강하다는 생각이 들었다. 자신의 모습을 있는 그대로 존중하고 사랑하는 모습이었기 때문이다. 어떤 관계에서든 완벽함을 추구하는 사람은 신이 되려는 것이나 다름없다. 완벽주의자는 스스로 지나치게 높은 기준을 설정해 두고 그것을 완벽하게 이뤄 내기 위해 끊임없이 노력하고, 절대 작은 실수도 하지 않으려고 애쓴다. 하지만 사람은 원래부터 완벽할 수가 없는 존재다.

지금은 생태계가 회복되어 공원으로 자리잡았지만, 오래전 그 자리에 있던 '난지도 매립지'에 가 본 사람이라면 그곳이 어떤 곳이었는지 잘 알 것이다. 이 세상이 바로 그 '난지도 매립지' 같은 곳이다. 쓰레기장 같은 불완전한 환경이 도처에 널려 있다. 우리가 그런 세상에 살고 있는데 몸이 더러워졌다고 아무리 자주 샤워를 해 본들 결코 무결점의 상태가 될 수는 없다. 원치 않아도 무엇인가가 몸에 묻을 수밖에 없는 것이 우리네 인생이다.

목회를 하고 있는 나를 보면 절대로 이단의 교주와 같은 사람은 될 수 없을 것 같다. 나는 나의 약함이나 부족함을 나 스스로 너무 잘 알고 있고, 또 그것을 아무렇지도 않게 다른 사람들 앞에서 말하기 때문이다. 원체 '~척'이 안 되는 사람이다. 어쩌다 누가 내 흉을 보거나 대놓고 지적해도 나는 그냥 동조해 버린다. 내 흉과 허물을 지적하는 그 사람보다 오히려 내가 더 재미있어하는 것을 보고 아내는 나의 그런 점이 못마땅해서 안 그러면 좋겠다고 말한다. 그런데도 변하지 않으려는 것이 나의 또 다른 교만일수도 있지만 나는 정직하게 내 모습을 드러내며 관계하는 것이 편하다.

정직한 사람이 되고 싶어서 마음을 굳게 먹고 정직해야지, 정직해야지, 한다고 해서 정직해지는 것도 아니다. 진짜 사랑이 나에게 오면 노력하지 않아도 나도 모르게 무장해제가 되니 정직해질 수밖에 없다. 사람들이 정직하게 표현하지 못하고 자꾸 감추고 싶어 하는 이유는 자신의 약점을 보여주는 순간 공격받을 수 있다고 염려하기 때문이다. 남자들은 대체로 다른 사람들 앞에서 시시콜콜한 자기 얘기를 하지 않는다. 그래서 대통령이 정치를 어떻게 한다느니, 어느 국회의원이 어떤 비리를 저질렀다느니 하는 것이 대화의 주 내용이다. 남 이야기를 하는 것이 더 편하기 때문이다. 그런데 여자들은 남자들과는 다르다. 서로 친해지면 다른 사람한테는 절대 말하지 말라고 하면서 자신의 비밀까지도 털어놓는 경우가 많다.

남자든 여자든 제대로 사랑하면 정직해진다. 사랑하면 사람의 말과 행동이 자연스럽고 부드러워진다. 거꾸로 사랑이 없으면 거칠고 강퍅해진다. 기준이 높고 드센 것이 얼굴에 그대로 드러난다. 강퍅하다는 것은 마음이 딱딱하게 굳어 있어서 열리지 않는다는 뜻이다. 강의할 때 사람들의 표정에서 굳게 닫힌 마음이 그대로 느껴질 때가 있다. 솔로몬이 하나님에게 지혜를 구할 때 주신 지혜가 열린 마음이었다. 열린 마음은 누구든 무엇이든 그냥 받아들이는 사랑의 마음이기 때문이다.

정직하게 나를 드러내려면 용기가 필요하다. 미움 받을 용기를 갖지 못했을 때 사람은 자신에게 닥친 문제를 직면하지 못하고 회피하려고 한다. 일단 피하고 보는 것이 그 문제에서 벗어나는 가장 쉬운 방법이라고 생각하기 때문이다. 현실을 직면하는 것이 싫고, 자신의 모습을 있는 그대로 보는 것이 싫고, 구질구질한 삶이 싫어서 가면을 써서 자신을 보호하려고 한다. 가면을 썼다는 사실을 나만 모를 뿐 가깝게 지내는 사람들은 다 알고 있다. 심지어 가면 속의 내 모습까지도 꿰뚫어 본다.

그런데 나에게 사랑이 오면 용기가 생기고 성품이 달라진다. 사랑하는 사람은 공동체 안에서 버티고 이겨낼 힘이 있다. 성경에서는 예수님을 '산돌' 또는 '모퉁이의 머릿돌'이라고 표현한다. 사도 베드로는 이 돌이 믿는 자에게는 보배로운 기초석과 반석이 되지만 믿지 않는 자에게는 부딪치는 돌과 걸려 넘어지는 바위가 된다고 했다. 사람과 사람의 관계에서도 그런 사람이 있다. 그런데 '부딪치는 돌'과 '걸려 넘어지는 바위'를 용기 있게 뚫고 지나갈 수 있는 것이 바로 사랑의 힘이다. 하지만 사람들 대부분은 부딪치는 돌, 걸려 넘어지는 바위 앞에 망연자실 머물러 있다. 부딪치는 돌은 나를 막아서는 장애물이 아니라 밟고 지나가야 하는 디딤돌이다. 걸려 넘어지는 바위는 나를 든든하게 세워줄 터전이다. 그런데 사람들은 그 바위 때문에 아무것도 못 하겠다고 한다. 부딪치는 돌과 걸려 넘어지는 바위는 사랑으로 넘어갈 수 있다. 사랑이 생명의 근원이고 나에게 생명력을 불어넣어 준다. 그 사랑으로 불편하고 힘든 사람과도 관계를 맺고 섬길 때 내가 온전하고 완전해진다.

존재가치만으로도 사랑할 만한 사람이다, 본질이 사랑이다, 라는 말들을 잘 살펴보면 모두 '관계한다'는 것을 전제한다. 사랑은 혼자서 할 수 없다. 내가 나를 사랑한다는 것도 나를 보는, 나와 함께하는 누군가가 있을 때 할 수 있는 일이다. 하나가 둘이 될 때 먹은 마음을 드러내어 표현하게 되고, 가진 생각을 나누며 삶을 가꿀 수 있으며, 사랑의 충만함으로 기쁨이 배가된다.

1부 말씀

주제별
성경연구

2부

원복

마태복음 3장 17절 하늘로부터 소리가 있어 말씀하시되 이는 내 사랑하는 아들이

요 내 기뻐하는 자라 하시니라

하늘의 소리

마태복음 3장 17절 말씀은 마태복음 17장 5절의 내용과 같다. 마태복음 3장 17절은 예수님이 공생애를 시작할 때 하나님이 들려주신 말씀이고 17장 5절은 예수님이 예루살렘에 들어가기 직전에 하나님이 하신 말씀이다. 예수님이 가장 힘든 결정을 하기 직전, 인생의 고비에서 하늘에서 소리가 들렸다. 그때 하나님은 예수님을 존재가치로 사랑하고 있다고 말씀하신다. 어떤 일을 잘했기 때문이거나 십자가 지는 일을 맡기기 위해서가 아니라 아무것도 하지 않는다 할지라도 하나님은 예수님을 존재 자체로 사랑하고 기뻐하신다는 말씀이다.

하늘의 언어를 말하기 위해서는 하늘의 소리를 들어야 한다. 언어학자들은 언어에도 모판이 있다고 말한다. 어떤 언어를 구사하기 위해서는 그 언어의 기초가 내 안에 있어야 한다. 그 기초가 바로 깊은 관계성이다. 영어를 잘하려면 영어권의 문화를 좋아하고 배우려는 마음이 있어야 한다. 보통 미국으로 유학이나 이민을 간 사람이 귀가 뚫리는 데 1년 정도 걸린다고 한다. 친밀한 관계가 되면 언어도 쉽게 배울 수 있다.

아기들이 '엄마'라는 말을 가장 먼저 배우는 이유도 엄마와 친밀하게 관계하고 있기 때문이다. 하늘의 언어를 말하기 위해서는 하늘과 친밀하게 관계해야 한다. 내 관심이 온통 땅에 집중되어 있다면 항상 땅 얘기만 하게 된다. 어느 아파트를 샀더니 값이 올랐더라는 이야기, 어느 회사 주식이 유망주라는 이야기만 할 수밖에 없다. 영혼에 관심이 있는 사람은 영혼에 대한 말을 하게 된다. 10년, 20년 교회 열심히 다녀도 관심이 땅에 있으면 땅 이야기, 육신의 이야기만 하는 사람이 된다.

언어에도 비교우위가 있다. LA에 사는 한국 사람은 공식적으로 60만 명 정도라고 하지만 비공식적으로는 100만 명 정도 될 것으로 본다. 영어를 한마디도 할 줄 모른다고 해도 별 탈 없이 살 수 있는 곳이 LA다. 그런데 그곳에서 자란 1.5세들이 한국말을 잘 못한다. 왜냐하면 한국어보다 영어가 더 우월한 언어라고 생각하기 때문에 한국말을 잊어버려도 별로 신경 쓰지 않고 영어만 열심히 배우기 때문이다.

그런데 브라질이나 아르헨티나에서 미국으로 유학을 온 2세들은 남미에서 태어났지만 한국말을 너무나 잘한다. 브라질이나 아르헨티나보다 한국이 더 우위에 있다고 생각하기 때문이다. 이처럼 우월하다고 생각하는 언어는 열심히 배우고, 열등하다고 생각하는 언어는 쉽게 잊어버린다. 전 세계에서 절대로 자기 언어를 잊어버리지 않는 사람들은 중국 사람이라고 한다. 그들은 어느 나라에 가든지 자기 나라가 세계의 중심이라는 자부심을 잃지 않고 살기 때문이다.

마찬가지로 하늘과 땅을 비교해서 땅이 우위에 있다고 생각하는 사람은 땅 이야기를 하고, 하늘이 우위에 있다고 생각하는 사람은 하늘 이야기를 한다.

현존 안의 부재, 부재 안의 현존

absence in presence, presense in absence

    사람들은 현존하는 하나님과 함께 있으면서도 그것을 알지 못한다. 보고 있지만 보지 못한다. 제자들은 3년 동안 예수님에게 제자훈련을 받았다. 그런데도 나중에 모두 떠났다. 가장 사랑하는 베드로는 배신했고, 가장 똑똑했다고 알려진 유다는 배반했다. 예수님을 보고 있는 사람들이 보지 못하는 이유는 볼 마음이 없고 들을 귀가 없기 때문이다. 보지 못하고 듣지 못하니 당연히 증거 할 수도 없다.

    제자들이 본 것은 영광의 메시아였다. 그들은 예루살렘에 들어가면 분명히 예수님이 자신들을 로마의 식민지 상태에서 해방하고 이스라엘을 가장 강한 국가로 만드실 것으로 기대했다. 그렇게 보고 듣고 묵상하고 있었기 때문에 예루살렘에 올라가면 죽게 될 거라고 하신 예수님의 말씀을 듣지 못한다. 하나님이 현존하는데도 계속 없다고, 부재하다고 말한다.

    부활해서 승천하신 예수님은 더는 초대교회에 존재하지 않았다.

하지만 그때가 역사적으로 가장 강렬하게 예수님을 경배하고 찬양했던 시기다. 참 역설적이다. 부재 가운데서 하나님의 현존을 경험한 것이다. 떠나셨는데, 더는 보이지 않는데, 하나님을 느꼈다. 그제야 그분이 누구인지 알았기 때문이다.

> 히브리서 11장 3절 믿음으로 모든 세계가 하나님의 말씀으로 지어진 줄을 우리가 아나니 보이는 것은 나타난 것으로 말미암아 된 것이 아니니라

보이지 않는 것에서부터 보이는 것이 지어진다고 말씀한다. 말씀은 보이지 않는다. 그런데 '빛이 있으라' 하고 말씀하는 순간 빛이 생겼다. 보이지 않는 것에서부터 보이는 것이 나타났다. 보이는 것으로부터 떠나야만 보이지 않는 것을 볼 수 있다. 보이는 것만 보고 있으면 보이지 않는 세계를 볼 수 없다. 볼 수 있지만 보지 못한다. '현존 안의 부재'다.

믿어지는 믿음

믿어지는 믿음이 최고의 믿음이다. '믿는' 믿음이 아니고 '믿어지는' 믿음이다. 내가 말씀을 붙들고 가는 것이 아니라 말씀에 내가 붙들려 간다. 사람의 감정과 생각은 늘 요동치고 상황에 따라 변하기 때문에 잡았다 놓았다 하고, 가다가 멈추기를 반복할 수밖에 없다. 끌려가는 믿음이 최고의 믿음이다. 억지로 질질 끌려가든 스스로 원해서 끌려가든 말씀에 붙들려 가는 것이다. 예수 그리스도가 하나님이라는, 믿어지지 않는 그 사실이 믿어진다. 이것이 최고의 은혜다. 믿어지는 믿음을 가지려면 무엇이 필요할까?

첫째, 귀가 열려야 한다.

엄마의 배 속에 있는 태아나 갓 태어나 인생을 시작하는 아기, 그리고 모든 인간에게 공통으로 가장 민감한 감각이 귀라고 한다. 그래서 귀가 열려야 한다.

사람은 두 가지 소리를 듣고 살아간다. 하나는 세상의 소리다. 세상의 소리는 계속 비교하고 경쟁하는 소리다. 다른 하나는 정_{감정}과 욕_{욕심}의 소리다. 정과 욕의 소리를 들으면 감정이 상해서 우울해지거나 욕심 때문에 반항하게 된다. 세상의 소리나 정과 욕의 소리를 들으면 육의 것을 추구할 수밖에 없다.

우리가 들어야 할 소리는 가장 미세한 소리, 존재가치로 인정하는 소리 즉, 하나님의 소리다. 이것이 '원음'이다. 세상의 소리, 정과 욕의 소리는 천둥 번개가 치는 것 같은 소리지만 존재가치를 알리는 하늘의 소리는 미세하고 부드러운 소리다. 하나님은 인격적이기 때문에 가장 부드러운 음성으로 미세하게 말씀하신다. 하지만 정과 욕의 소리가 너무 크게 들려서 하늘의 소리를 들을 수 없다. 그 때문에 땅의 사람은 정과 욕의 소리를 진짜 소리로 착각해서 비교하고 경쟁하고 정죄하며 살아갈 수밖에 없다.

하늘의 소리를 듣는 귀가 열리려면 계속 말씀을 듣는 자리에 있어야 한다. 그러다가 어느 순간 말씀을 붙잡으면 말씀이 불같고 방망이 같아져서 예레미야 23장 29절 말씀 앞에서 세상과 정과 욕의 소리가 깨지고 부서지고 파괴된다. 그렇게 다 파괴된 후에야 새로운 세상이 세워진다. 이렇게 하늘의 소리에 귀가 뚫릴 때까지 말씀의 자리에 머물러 있어야 한다.

둘째, 눈이 뜨여야 한다.

사람의 눈은 늘 눈앞의 상황을 보고, 사건을 보고, 사람을 보고 있다. 그런데 상황과 사건과 사람은 늘 변한다. 보고 있는 것이 움직이면 나도 똑같이 움직이게 되니 염려하고 두려워한다. 좋을 때는 하늘을 날듯이 기쁘고, 좋지 않을 때는 곤두박질치는 롤러코스터를 탄 것처럼 두렵다. 우리는 변하지 않는 말씀을 보고, 회전하는 그림자조차 없는 예수 그리스도를 보고, 썩고 쇠하고 없어질 세상이 아니라 영원한 세상, 천국을 보고 살아야 한다. 불변하는 그것을 보고 있어야 나도 흔들리지 않을 수 있다. 그래야 세상이 알 수도 없고, 알지 못하기 때문에 줄 수도 없는 평강이 내 마음에 찾아온다.

초대교회 성도들은 주님의 부활과 승천을 직접 눈으로 봤다. 그들이 박해받았던 이유는 부활을 믿고 전했기 때문이다. 그 당시 정치적으로 가장 강한 그룹이 사두개인들이었는데, 그들은 부활을 믿지 않았기 때문에 그리스도인을 박해했다. 그때 초대교회 성도들이 상황과 사건과 사람만 봤다면 염려와 두려움 때문에 요동쳤을 것이다. 그런데 성령이 내려오셔서 그들이 예수 그리스도를 확신하게 되자 말씀을 보고, 예수 그리스도를 보고, 천국을 소망하며 두려워하지 않았다. 그래서 예수 그리스도의 죽음과 부활을 강하고 담대하게 선포했다.

진리를 보지 못하던 눈이 뜨이려면 빛 가운데 있어야 한다. 이 강렬한 빛으로 눈에서 비늘이 떨어져야 염려와 두려움에서 벗어나 평강에 이를 수 있다. 빛이 언제 내게 올지는 알 수 없다. 빛이 도달하는 시간은 전적으로 하나님의 권한이기 때문이다. 하나님의 시간, 카이로스kairos의 시간은 어쩌면 죄가 가장 극에 달했을 때 찾아오는지도 모르겠다. 사도바울도 다메섹으로 예수 믿는 자들을 죽이러 가는 도중에 빛 가운데 계시는 예수님을 만났다.

셋째, 입이 열려야 한다.

고린도전서 13장에서는 천사의 말을 할지라도 사랑이 없으면 의미 없는 소리와 같다고 말씀한다. 엄청난 의지를 가지고 말해도 사랑이 없으면 아무것도 아니다, 산을 옮길 만한 지식이 있어도 사랑이 없으면 아무것도 아니다, 자기 몸을 불살라서 다른 사람을 위해 다 내어주고 죽는다고 할지라도 사랑이 없으면 아무것도 아니라는 말씀이다. 즉 의지, 지식, 감성, 이 세 가지가 충만하다 해도 사랑이 없으면 아무것도 아니다.

반대로, 예수 그리스도 안에서 말하는 것은 모두 복이다. 야단을 치고, 욕을 해도 예수 그리스도 안에 있으면 복이다. 예수님은 바리새인들에게 '독사의 자식들아'라고 욕하셨는데 우리는 그렇게 말씀하신 예수님의 내면을 봐야 한다. 하나님과 하늘에 소망을 두고 있으면 어떤 말도 죽이는 말, 사망 권세의 말이 아니다. 당연히 예수님이 하신 욕도 사람을 살리는 말이었다.

하나님의 다림줄

욥기 8장 7절에 보면 '네 시작은 미약하였으나 네 나중은 심히 창대하리라'라는 말씀이 있다. 욥의 세 친구 중 수아 사람 빌닷이 욥을 공격할 때 한 말이다. 욥의 시작은 창대했는데 현재는 미약하다고, 그러니까 하나님은 창대한 분인데 욥은 지금 하나님의 법칙에서 거꾸로 가고 있으니까 문제가 있다는 것처럼 말하고 있다. 빌닷은 친구를 정죄하는 말을 하면서 하나님의 말씀을 인용하고 있다. 하지만 이것은 오해다. 하나님의 뜻은 창대함에서 창대함으로 간다. 다만 그 과정 가운데 '고난'이 있을 뿐이다. 그리스도인에게 고난의 삶은 필수다. 하나님은 창대함으로 시작해서 더 높은 차원의 창대함으로 끌고 가시기 위해 미약함이라는 고난을 통과하게 하신다. 이 말은 우리가 육으로 시작해서 영으로 갈 사람이 아니라 영에서 온 사람, 하늘에서 온 사람이며 하늘로 갈 사람이라는 의미다.

이스라엘 백성들은 애굽에서 나올 때 노예였다. 그러나 그들의 노예 근성은 길갈에서 끝이 난다.

여호수아 5장 9절 애굽의 수치를 너희에게서 떠나가게 하였다 하셨으므로

길갈까지 가는 여정이 곧 노예에서 자유인이 되는 과정이다. 그렇다면 길갈이라는 장소가 그들이 자유인이 된 시작점이라는 이야기가 되는데, 그렇지 않다. 하나님은 그들을 처음부터 자유인으로 인정하셨다. 그들을 애굽에서 나온 사람들로 본 것이 아니라 에덴 동산에서 나온 사람들로 보셨다. 그런데도 자신이 종이라고, 노예라고 생각한 사람들은 늘 원망과 불평을 했다. 책임지지 않았다. 그런데 그 모습도 하나님은 끝까지 지켜보셨다. 왜냐하면 그들이 하나님의 형상대로 지어진 사람들이었기 때문이다.

아모스 7장 7~9절 또 내게 보이신 것이 이러하니라 다림줄을 가지고 쌓은 담 곁에 주께서 손에 다림줄을 잡고 서셨더니 여호와께서 내게 이르시되 아모스야 네가 무엇을 보느냐 내가 대답하되 다림줄이니이다 주께서 이르시되 내가 다림줄을 내 백성 이스라엘 가운데 두고 다시는 용서하지 아니하리니 이삭의 산당들이 황폐되며 이스라엘의 성소들이 파괴될 것이라 내가 일어나 칼로 여로보암의 집을 치리라 하시니라

내가 누구인지에 대한 자기 인식이 잘못되어 있으면 진리를 들어도 진리조차 왜곡하는 실수를 저지르게 된다.

집을 지을 때 담을 똑바로 세우기 위해 사용하는 도구가 다림줄이다. 건물을 지을 때도 정확하게 수직인지를 확인하기 위해 다림줄에 추를 달아 각도를 잰다. 아모스 선지자는 진리의 다림줄을 이

야기한다. 다림줄은 기준이 된다. 다림줄이 내려지면 방향이 잘못되어 있다는 것을 알 수 있다. 하지만 다림줄이 내려지지 않으면 보는 사람의 각도에 따라 상황이나 사건, 사람에 대해 옳고 그름의 해석이 달라질 수 있다.

다림줄에도 두 가지 종류가 있다 하나는 세상의 다림줄이고 하나는 하나님의 다림줄이다. 세상의 다림줄은 모양이 저마다 달라도 속성은 정과 욕이라는 두 가지가 기준이다.

요한일서 2장 16절 육신의 정욕과 안목의 정욕과 이생의 자랑

갈라디아서 5장 24절 그 정욕과 탐심을 십자가에 못 박았느니라

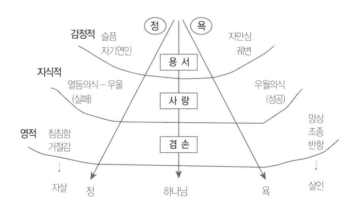

〈그림 1〉 하나님의 다림줄

정에 속한 사람이 자주 느끼는 감정은 거절감이다. 감정적인 영역에서 정에 속한 사람은 슬퍼한다. 자기 연민에 빠져 산다. 거절감을 느끼는 사람은 감정적으로 슬프고 우울하다. 어떤 사건, 어

떤 사람, 어떤 상황을 만나든 계속 자기가 불쌍하다고 이야기한다. 분명히 자기가 잘못했는데도 자기가 잘못했다고 인정하지 않고 그 상황에서 그렇게 할 수밖에 없었던 불쌍한 자신을 변명한다. 자기 연민에 빠져서 감사할 줄 모르고 늘 불평불만을 늘어놓는다. 정에 속한 사람들이 거절감이 깊어지면 마지막엔 자살을 시도하기도 한다. 다른 사람을 죽일 힘은 없으니 자기를 스스로 죽이는 것이다.

정에 속한 사람은 지적인 면에서 열등감이 있다. '나는 실패자'라고 생각한다. 늘 자신을 성공할 수 없는 사람이라고 규정한다. '나는 못 해', '내가 못하는 것은 당연한 거야'라고 생각한다. 열등감이 있는 사람은 죄의식 즉 죄책감을 잘 느낀다. 그것도 많은 죄가 아니라 한 가지 죄 때문이다. 누구나 그 한 가지 죄에 걸려 죄책감에서 벗어나지 못한다. 열등감 때문에 행동하지 못하고 죄만 묵상하면서 스스로 주저앉기를 반복한다. 실패하는 것이 두려워서 시도하지 않는다.

정에 속한 사람은 영적으로 침침하다. 분명하지 않고 흐릿하다. 이것을 영적으로는 '단절'이라고 표현한다. 주일 설교 시간에 설교가 시작되자마자 졸기 시작해서 끝이 나면 깨어나는 사람들이 있다. 물론 전날 밤에 잠도 잘 잔 사람들이다. 그런 사람들은 대부분 영적으로 단절 상태에 있는 사람들이다. 말을 할 때도 정확하게 의사 표현을 하지 못하고 뒷말을 흐린다. 자신감이 없기 때문이다. 그리고 직접 들은 말조차 의심한다. 하나님이 보여주시는 것도 계속 맞는 것인지 의심한다. 모세 출애굽기 3장 4절가 그랬고, 기드온 사사기 6장 7절도 그랬다. 진짜냐고, 맞느냐고, 정말 주신 것이냐고 물으며 더 확실한 증거를 보여 달라고 했다.

반대로 욕에 속한 사람이 있다. 욕에 속한 사람들에겐 적대감이 있다. 그들은 궤변의 명수다. 논리적으로 맞지 않는 말을 하면서 계속 자기가 옳다고 주장한다. 그리고 지적인 면에서는 우월의식에 빠져 있다. 반드시 성공하고 말겠다고 생각한다. 그런 사람들은 남의 말을 듣지 않는다. 마음이 강퍅해져서 고집쟁이가 된다. 누구에게도 배울 생각은 없고 남을 가르치려 든다.

욕에 속한 사람은 영적인 관계로 보면 망상에 빠지거나 조종하려 한다. 거짓말을 하면서 스스로 거짓말을 한다는 것을 알고 있다면 그나마 괜찮지만, 망상에 빠지면 자신이 거짓말을 하면서도 그것이 진짜라고 믿는다.

나는 대학생 때 서울 구치소 일반 사범들이 갇혀 있는 혼방에서 열 명의 사람들과 함께 지낸 적이 있다. 그들 대부분은 2범에서 10범까지 강도나 폭력 등의 전과가 있는 사람들이었다. 구치소에서는 잠자는 자리에도 순서가 있어서 방장이 가장 좋은 자리에 눕고 힘의 논리에 따라 순서대로 누워서 잠을 잔다. 그곳에 들어온 사람들은 일반적으로 사회에 불만이 많아서 데모하는 학생들을 아주 신뢰한다. 그래서 나는 그들에게 '독립군' 대접을 받으며 지냈다. 잠도 방장 바로 옆에서 잤다. 넘버 투가 된 것이다. 시간이 있을 때는 모여서 윷놀이나 바둑을 두며 논다. 그러다가 수감자들끼리 내기도 하는데, 주로 바깥세상 이야기를 두고 내기가 벌어진다. 예를 들면, 전철 한 칸에 문이 몇 개일까와 같은 단순한 문제들이다. 그래서 교도관에게 물어보거나 재판받으러 나갔다가 정답을 알아내면 내기에서 진 팀이 이긴 팀에게 사식을 사 준다. 한번은 1988년 대구에 지하철이 있었는지로 내기를 했다. 대구 지하철은 노태우 대통령의 공약이었다. 1989년에 노태우 대통령이 취임식을 했고 1997년에 대구에 지하철이 개통되었다. 당연히 1988년 대구에는 지하철이 없었다. 하지만 정확한 사실을 몰라, 있다 없다 하면서 공방을 했는데, 어떤 한 사람의 발언으로 내기가 끝났다. 그는 1988년에 대구에서 지하철을 타 봤다고 말했다. 타 봤다는 사람이 있으니 더는 할 말이 없었다. 결국, 대구에 지하철이 있었던 것으로 결론이 났다. 그런데 그 사람은 거짓말을 한 것이 아니었다. 망상이었을 뿐이다.

바리새인들도 망상에 빠져 살았던 사람들이다. 그들은 자신들이 하나님을 잘 믿고 있다고 생각했다. 그래서 예수님을 죽일 수밖에 없었다. 자기가 믿고 있는 거짓이 진리라고 생각했기 때문이다. 교인들 대부분은 하나님 말씀을 듣는 순간 자기는 하나님의 말씀을 지키고 있다고 망상한다. '네 이웃을 네 자신 같이 사랑하라_{마태복음 22장 39절}'라는 말씀을 듣는 순간 자신이 이웃을 사랑하고 있다고 생각한다.

조종은 상대방을 내 마음대로 움직여 자신이 원하는 방향으로 끌고 가려는 것이다. 교주敎主가 바로 그런 사람이다. 교주와 같이 영적인 세계를 잘 알고 있는 사람들은 낚싯바늘 끝 갈고리로 물고기를 낚아채듯 사람의 마음을 낚아챈다. 그 사람에게 걸려 있는 문제를 보는 눈이 있어서 그 문제를 언급해 놓고 자기 말에 집중하게 한다. 그렇게 했는데도 끝까지 반항하면 그 사람의 영혼을 죽게 만든다. 자기 마음대로 끌고 갈 수 없다고 생각하면 공격하거나 관계를 끊어 버린다. 하지만 예수님은 그렇지 않다. 자원하는 마음을 기다릴 뿐 절대로 사람을 조종하지 않는다.

정에 속한 사람, 기드온과 입다

정과 욕은 시계추처럼 왔다 갔다 하면서 계속 움직인다.

정에 속한 사람이라도 늘 정에만 머물러 있는 것이 아니고 욕으로 가기도 한다. 상황에 따라 사람도 바뀐다. 자신이 대처할 수 없는 상황에 빠지면 정으로 가고, 대처할 수 있다고 생각하는 순간 욕으로 간다. 만약 '거절감'이라는 줄이 진리의 자리에 오면 진리가 욕의 자리로 가게 된다. 그러면 정에 속한 사람이 진리에 속한 사람을 보면서 '저 사람은 너무 활동적이야'라고 평가한다. 그리고 욕에 속한 사람을 보면서 '저 사람은 너무 나대네. 내가 도저히 상대할 수 있는 사람이 아니야'라고 평가한다. 그리고 욕의 기준이 진리로 오고 진리가 정의 자리로 오면 욕에 속한 사람이 진리에 속한 사람에게 '저 사람은 아무것도 하지 않는 사람이야'라고 평가한다. 그리고 정에 속한 사람에게는 '저 사람은 꼭 시체 같아'라고 평가한다.

이렇게 같은 말씀을 들어도 제대로 적용하지 못하고 자신의 기준에 따라 다르게 적용하게 된다. 정에 속한 사람은 말씀을 들으면 '내가 더 조심해야겠다, 말을 아껴야겠네'라고 생각한다. 슬픔이 기준이고, 열등의식이 기준이고, 늘 영적으로 침침함이 기준이기 때문에 말씀을 들어도 그렇게 적용할 수밖에 없다.

진리의 다림줄, 십자가의 다림줄은 감정적으로는 용서하고, 지적으로는 사랑하고, 영적으로는 겸손하게 한다. 정에 속한 사람은 하나님 앞에서 날마다 불신앙을 말하고, 욕에 속한 사람은 반항하며 교만해지지만, 진리에 속한 사람은 용서하고 사랑한다. 사랑은 감정이 아니라 의지다. 결혼식에서 '비가 오나 눈이 오나 사랑하겠습니까?'라고 묻는 것은 '당신의 의지가 그렇습니까?'라고 묻는 말이다. 감정에서 시작해서 의지로 끝나야 하는 것이 사랑이다. 용서와 사랑과 겸손이라는 진리의 다림줄 가운데 있지 않으면 자꾸 왔다 갔다 하면서 정과 욕의 기준으로 말하게 된다.

사사기 6장에 나오는 기드온이 정에 속한 대표적인 사람이다. 하나님의 사람이라도 어느 순간 정과 욕에 사로잡히면 자기 기준으로 상황을 판단하고 적용하게 된다.

> 사사기 6장 11절 여호와의 사자가 아비에셀 사람 요아스에게 속한 오브라에 이르러 상수리나무 아래에 앉으니라 마침 요아스의 아들 기드온이 미디안 사람에게 알리지 아니하려 하여 밀을 포도주 틀에서 타작하더니

기드온은 자기 슬픔에 빠져 있고 열등의식이 있으며 영적으로는 침침한, 전형적으로 정에 속한 사람이다. 자신은 늘 실패자라고 생각하는 겁쟁이여서 포도주 틀에 밀을 깠다. 타작하는 소리가 나면 미디안 사람들이 달려와서 자기 것을 다 빼앗아갈까 봐 몰래 숨

어서 한 것이다. 그런 그에게 하나님의 다림줄이 내려진다.

기드온은 자신을 겁쟁이라고 생각하는데 하나님은 그를 큰 용사로 보았다. 무서워서 몰래 포도주 틀에 밀을 타작하고 있는 사람에게 하나님이 나타나 '큰 용사야!'라고 말씀한다. 그것이 하나님이 말씀하신 기드온의 정체성이다. 그런데 기드온은 그것이 하나님의 부르심인지를 의심하며 계속 시험한다. 사람들은 다 기드온에게 왕이 될 것이라고 이야기했지만 기드온은 거절한다.

정에 속한 또 한 사람은 '입다'다. 입다는 기생의 아들이었다. 그것 때문에 입다는 태어날 때부터 거절감을 느꼈던 사람이다. 그는 성적 타락과 중독에 이어 주고받는give and take 사랑을 한다. 그가 하나님 앞에 '내가 이 전쟁에서 이기면 첫 번째로 오는 사람을 하나님 앞에 드리겠습니다.'라고 서원한것이 바로 그 예다. 그러나 이것은 하나님의 방법이 아니다. 입다 자신의 방법이다. 하나님이 나에게 주시면give 내가 다시 드리겠습니다take, 즉 주시면 드리겠다는 조건이 깔려 있다. 입다는 하나님과의 관계도 주고받는 관계로 이해한 것이다.

이런 관계성은 '누가 나를 사랑하겠어! 나는 실패할 수밖에 없는 사람이고 슬픈 사람인데, 누가 나를 사랑할 수 있을까?'라는 생각으로 자신을 사랑받지 못할 사람이라고 여기기 때문에 나타난다. 이런 사람은 누가 나를 사랑해 주면 그 사람이 나한테 뭔가 바라고 있으니 나도 줘야 한다고 생각한다.

사랑에도 단계가 있다. 첫 번째가 받는 사랑, 두 번째가 주는 사랑, 세 번째가 죽는 사랑이다. 그러면 사랑하는 사람은 어떤 사람일까? 먼저 받은 사람이다. 잘 받는 사람이 잘 줄 수 있다. 내가 주려고 노력하는 사람일수록 받는 것에 익숙지 않다. 아무 조건 없이 받을 줄 알아야 한다. 아무 조건 없이 받는 것을 연습해야 한다. 전쟁에서 이기면 처음 만난 사람을 드리겠다고 서원한 입다가 가장 먼저 맞이한 사람은 자신의 딸이었다. 그러면 그때 깨달았어야 한다. '내 서원은 잘못된 것이었구나!' 그런데도 그는 '반드시 이루고 말리라!' 하며 그 딸을 바친다. 정에 속한 사람은 기준이 그것이기 때문에 그렇게 할 수밖에 없다. 나에게 주신 하나님에게 나도 똑같이 주어야 한다고 생각한다.

정에 속한 사람들 대부분에게는 성적 타락과 중독이 나타난다. 중독은 어떤 것에 집중하는 것이다. 자기 슬픔에 빠지기 쉽고 자기 일에 자신이 없으니 의지할 수 있는 엉뚱한 일에 집중한다. '마니아'라는 말은 '마니교'에서 온 것으로, 마니아가 바로 중독이란 뜻이다.

욕에 속한 사람, 아비멜렉과 삼손

성경 인물 중에서 욕에 속하는 대표적인 사람은 기드온의 아들 아비멜렉이다. 그의 이름은 '나의 아버지는 왕'이라는 뜻이다. 그는 아버지가 왕이니 자신도 왕이 되어야 한다고 생각한다. 그런데 아버지 기드온은 왕으로 살지 못했다. 아비멜렉은 아버지처럼 비굴하고 약하게 살고 싶지 않았다. 힘을 가지고 당당하게 살고 싶었다. 그래서 자신의 권력을 위해 앞길을 막는 형제 70명을 모두 죽여야 했다. 아비멜렉은 자기만 특별하다고 생각하는 자만심에 빠져 있었고 궤변을 일삼았으며 반드시 왕이 되어야 한다는 망상에 빠져서 죽이는 자가 되었다.

사사기 16장 30절 삼손이 죽을 때에 죽인 자가 살았을 때에 죽인 자보다 더욱 많았더라

이 말씀이 삼손의 이력서다. 하지만 삼손의 이력서는 사사로 '살았을 때 살린 자보다 죽었을 때 살린 자가 더 많았더라'라고 쓰여

야 했다. 삼손은 하나님의 사사로서 살리는 자가 되었어야 한다. 그런데 왜 삼손은 죽이는 자로 기록되었을까?

삼손은 나실인이었다. 나실인에게는 세 가지 금지명령이 있었다. 머리를 자르지 말고, 독주를 마시지 말고, 시체를 만지지 말아야 했다. 머리를 자르지 말라고 한 것은 그의 주인이 자신이 아니라 하나님이라는 것을 기억하라는 의미다. 독주를 마시지 못하게 한 것은 세속의 정신에 물들지 말라는 의미다. 그리고 시체를 만지지 말라고 한 것은 죽음을 묵상하지 말고 생명을 묵상하며 살리는 삶을 살라는 의미다. 그는 힘이 엄청나게 셌는데 그 힘을 생명을 살리는 데 사용했어야 한다. 나실인이라는 그의 속사람이 힘을 조절했어야 한다. 하지만 그는 욕망을 절제하지 못하고 금지명령을 어기는 바람에 죽이는 자가 되었다.

> 요한일서 2장 15~16절 이 세상이나 세상에 있는 것들을 사랑하지 말라 누구든지 세상을 사랑하면 아버지의 사랑이 그 안에 있지 아니하니 이는 세상에 있는 모든 것이 육신의 정욕과 안목의 정욕과 이생의 자랑이니다 아버지께로부터 온 것이 아니요 세상으로부터 온 것이라

아버지의 사랑이 그 안에 있지 않으면 육신의 정욕과 안목의 정욕과 이생의 자랑에서 떠날 수 없다는 말씀이다. 아버지의 사랑이란 용서와 사랑과 겸손의 십자가 사랑을 말한다. 십자가 사랑이 없으면 내 기준, 내 가치관, 내 세계관으로 하나님까지도 재단하고, 진리의 말씀마저 엉뚱하게 적용하고 살아갈 수밖에 없다.

나는 누구인가?

　말씀을 들어도 자기가 누구인지 정확하게 모르면 말씀이 계속 빗나간다. 앞에서 말한 것처럼 'absence in presence'이다. 즉, 지금 살아 계신 하나님과 함께하면서도 하나님을 모른다고 말하고 하나님이 안 계신다고 말한다. 들어도 들리지 않으니 피리를 불어도 춤추지 않고, 곡을 해도 같이 울 수가 없다누가복음 7장 32절. 그래서 '귀 있는 자는 들을지어다'라고 말씀하는 것이다. 귀가 열리기 위해서는 말씀을 들어야 하고, 계속 빛 가운데 있어야 하며, 그 안에 소망을 두어야 한다. 자신을 정확하게 인식하는 자만이 말씀을 제대로 들을 수 있다.

　'원복'이라는 말은 내가 본래 하나님 앞에서 복 받은 사람이라는 의미다. 나를 원죄의 존재라고 생각하는데 그렇지 않다. 원복이 먼저다. 그렇다면 '나'라는 사람은 나를 어떻게 인식해야 할까? 나를 인식하는 방법에는 네 가지가 있다.

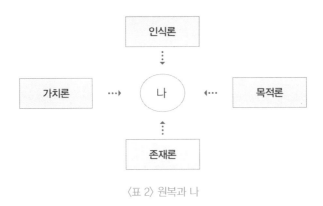

〈표 2〉 원복과 나

첫째, 존재론이다.

나는 누구인가? 나는 어떤 존재인가? 사람들은 자신의 존재를 육의 존재라고 생각한다. 다시 말해서 몇 년 몇 월 며칠에 태어나서 몇 년 몇 월 며칠에 죽을 육에 속한 사람이라고 생각한다는 말이다. 그런데 하나님은 우리를 영에 속한 사람으로 만드셨다. 우리는 영으로 시작해서 영으로 마칠 사람이다. 우리를 말씀으로 낳으셨고 우리는 말씀으로 말미암아 존재한다. 창세전에 이미 하나님이 나를 자녀 삼기로 정하고, 알고, 부르셨다. 우리는 하늘에서 왔고 하늘로 갈 사람들이다. 이것이 우리 존재의 뿌리다.

출애굽기에 보면 이스라엘 백성이 애굽에서 나왔다. 그때 사람들은 다 자신이 노예라고 생각했다. 하지만 그 노예 근성은 길갈에서 끝이 났다.

초등학교 때 봤던 「뿌리」라는 미국 드라마가 있다. 주인공은 아프리카에서 미국으로 온 쿤타킨테의 후손이었다. 그는 자기 아버지, 자기 할아버지, 자기 조상들이 다 노예였다고 생각했다. 그래서 정말 자기 뿌리가 노예였는지를 추적하기 시작했다. 그런데 아프리카에서 조사해보니 그는 어떤 부족 국가의 추장 아들, 왕족이었다. 그의 상황은 변한 것이 아무것도 없는데 자기가 노예가 아니라 왕족이라는 것을 깨닫는 순간, 말과 행동이 달라졌다. 내가 육의 존재라고 생각한다면 사람은 계속 노예 근성으로 살 수밖에 없지만, 영의 존재라는 것을 깨닫는 순간 삶의 태도가 달라진다. 말 한마디, 행동 하나까지 달라진다. 그래서 '나'라고 하는 존재를 설명하는 존재론이 굉장히 중요하다.

둘째, 가치론이다.

사람들은 소유로 존재를 말한다. 얼마나 소유하고 있느냐에 따라 자기 가치가 형성된다. 그런데 하나님은 우리를 존재만으로도 가치 있다고 보신다. 10원짜리, 100원짜리 하는 것처럼 우리는 예수님짜리다. 천하만큼 귀한 천하짜리도 아니고 그것보다 한 차원 더 높은 예수님짜리다. 예수님이 자신의 생명을 값으로 치르고 나를 구원하셨기 때문이다. 내가 아무것도 하지 않아도 하나님 앞에서는 존재만으로 예수님짜리라는 가치가 있다.

교회에서 사람들에게 부여하는 세 가지 가치가 있다. 은사 가치, 성품 가치, 존재 가치다. 은사 가치는 그 사람의 능력이 무엇인지, 성품 가치는 그 사람의 인격이 어떤지를 말한다. 그래서 능력이 좀 떨어져도 '그 사람 참 착해'라고 하면서 봐주기도 한다. 그런데 능력도 없고, 인격도 안 되는 경우가 있다. 그래도 존재가치로 충분하다. 하나님은 그들을 사랑하신다. 우리는 누구나 존재가치로 사랑받고 있다는 것을 인식해야 한다. 나의 가치를 알고 있어야 한다.

셋째, 목적론이다.

사람들은 임시적인 목적을 가지고 살아간다. 그런데 하나님은 우리에게 영원한 것을 추구할 수 있도록 목적을 주셨다. 썩고, 쇠하고, 없어질 목적을 위해 사는 것이 아니라 영원한 것을 추구하고 살아갈 수 있도록 하셨다. 인생의 시간은 '헛되고 헛되도다'라고 했지만, 그 시간을 우리에게 '하나님을 경외'하는 영원한 시간으로 사용하도록 하셨다. 이것이 목적론이다. 따라서 '내가 무엇이 되겠다'라는 생각보다 '내가 그 시간을 어떻게 사용해야겠다'라는 생각이 더 중요하다. 시간을 어떻게 사용하느냐에 따라 인생이 달라진다.

지금 이 시간은 우리에게 다시 오지 않는다. 그래서 종말론적 시간관을 가지고 살아야 한다. 종말론적 시간관은 처음과 끝이 있다는 믿음이다. 성경에서는 첫 번째 것은 다 하나님의 것이라고 말씀한다. 다시 말해서 종말론적 시간관을 가졌다는 것은 어떤 시간 속에서든 그 시간을 하나님의 시간으로 사용하겠다는 의미다. 세상 끝에는 하나님이 심판하신다. 심판은 회계accounting한다는 뜻이다. 그 마지막 시간에 하나님 앞에서 심판받을 것이라는 믿음으로 살아가는 것이 종말론적 시간관이다. 따라서 하나님이 주신 시간을 최선을 다해 살아야 한다. 하나님의 시간으로 사는 삶을 보여주는 것이 전도서 말씀이다.

'헛되고 헛되도다'라는 말씀은 한마디로 '있을 때 잘해'라는 말이다. 그냥 죽이는 시간killing time으로 살아가는 것이 아니라 자신에게 주어진 시간을 최대한 잘 사용하라는 말씀이다. 그래서 목적론이다.

넷째, 인식론이다.

'나'라는 사람은 '나'를 어떻게 이해할까? 사람들이 착각하는 것 중에 하나가 '내가 나를 제일 잘 안다'라는 생각이다. 하지만 등잔 밑이 가장 어두운 것처럼 가장 가까운 곳에서 눈이 멀 수 있다. 조금 떨어져서 볼수록 더 잘 볼 수 있다. 나라는 존재도 마찬가지다.

	본인 인식	본인 인식 못함
남이 인식	① Open Area	③ Blind Area
남이 인식 못 함	② Hidden Area	④ Unknown

〈표 3〉 조 하리의 창 (Johari's Windows Model)

조 하리의 창을 보면 ①번은 내가 알고 남도 아는 부분으로, 공개의 창이다. ②번은 나는 알고 남은 모르는 부분으로, 비밀의 창이다. ③번은 나는 모르고 남은 아는 부분으로, 착각의 창이다. ④번은 나도 모르고 남도 모르는 부분으로, 신비의 창이다. 어떤 사람이 건강한 사람인지를 판단할 때 조 하리의 창을 보면 알 수 있다. 공개의 창이 넓을수록 건강한 사람이다. 건강한 사람이 되려면 비밀의 창과 착각의 창과 신비의 창이 차지하는 공간을 줄여야 한다.

비밀을 줄이려면 고백해야 한다. '내가 이런 이런 사람이다'라고 고백하는 것이다. 물론 억지로 하면 고문이 된다. '너 불어!' 하고 고문하면 고백하고 나서 오히려 문제가 되기도 한다. 어떤 때는 내가 정직하다고 하면서 다 말해 버려서 되레 다른 사람에게 상처를 줄 수도 있다. 따라서 생명을 살리기 위해 말하지 않고 침묵을 지켜야 할 때도 있다. 부부 싸움을 아이들에게 다 보여줄 필요가 없는 것처럼 미루고 말하지 않아야 할 때가 있고, 고백해서 비밀의 창을 줄여야 할 때가 따로 있다.

착각의 창을 줄이려면 조언consulting을 들어야 한다. 특히 멘토mentor에게 조언을 구하는 것이 좋다. 자신이 신뢰하는 사람에게 자기 문제를 물어보고 그것에 대해 조언을 들어야 한다.

나도 모르고 남도 모르는 신비의 창, 이것은 기도해야 한다. 하나님 앞에 기도해서 내가 누구인지 계속 물어야 한다. 기도해서 내가 누구인지를 볼 수 있어야 한다. 자기가 누구인지를 정확하게 인식하면 자기가 보고 있는 것이 다가 아니라는 것을 알게 된다. 내가 나를 정확하게 인식하려면 예수 그리스도 안에in Christ 있어야 한다. 예수 그리스도가 내 주인이라는 것을 알아야 한다.

그리스도인의 한계

로마서 10장 6~7절 믿음으로 말미암는 의는 이같이 말하되 네 마음에 누가 하늘에 올라가겠느냐 하지 말라 하니 올라가겠느냐 함은 그리스도를 모셔 내리려는 것이요 혹은 누가 무저갱에 내려가겠느냐 하지 말라 하니 내려가겠느냐 함은 그리스도를 죽은 자 가운데서 모셔 올리려는 것이라

이 말씀은 그리스도인의 한계를 말한다. 그리스도인은 아무리 높아져도 하나님 앞에 있으니 올라가면 올라갈수록 다시 내려가라고 하신다. 그리스도를 모셔 내린다는 것은 하나님이 사람이 되신 것을 의미한다. 하나님이 사람이 되신 이유는 내가 죄인임을 깨닫게 하기 위해서다.

그리고 내려갈 때마다 다시 올리라고 하신다. 그리스도인에게는 한계가 있는데 높아지면 높아질수록 죄인이라는 것을 깨닫고, 내려가면 내려갈수록 하나님의 자녀인 것을 기억하라는 의미다. 이와 반대로 올라갈수록 하나님의 자녀라는 정체성을 가지고 교만해

지고 내려가고 내려가서 죄책감에 빠져서 절망하기도 하는데, 그 것이 정과 욕으로 산다는 의미다.

내가 어떤 상황 가운데 있든 이 두 가지 사실을 잘 보고 있어야 한다. 아무리 높아져도 죄인이요, 아무리 바닥으로 떨어져도 하나님의 자녀라는 것을 기억해야 한다. 이런 한계를 지닌 존재가 '나'이다. 나는 절망 가운데서도 무너지지 않는 사랑을 받은 존재이며 동시에 하나님의 피조물, 하나님에게 속한 존재라는 것을 기억해야 한다.

2부 원복

주제별
성경연구

3부
하나님 나라

창세기 12장 1~3절 여호와께서 아브람에게 이르시되 너는 너의 고향과 친척과

아버지의 집을 떠나 내가 네게 보여 줄 땅으로 가라 내가 너로 큰 민족을 이루고

네게 복을 주어 네 이름을 창대하게 하리니 너는 복이 될지라 너를 축복하는 자에

게는 내가 복을 내리고 너를 저주하는 자에게는 내가 저주하리니 땅의 모든 족속

이 너로 말미암아 복을 얻을 것이라 하신지라

타력 구원

거듭 말하지만 최고의 믿음은 믿어지는 믿음이다. 믿음은 나로부터 시작하지 않는다. 믿어졌다는 말은 그 믿음의 바탕에 하나님의 뜻과 소원과 목적이 있다는 의미다. 나로부터 시작한 믿음은 한과 욕심과 야망의 부산물이다. 한恨은 과거에 풀지 못한 마음의 응어리다. 한이 있는 사람은 그 한을 풀기 위해 애를 쓴다. 한에는 에너지가 있어서 그 에너지로 열심히 일한다. 못 배운 한이 있는 사람은 자신이 부족하다고 생각하고 배우려고 한다. 왜 배우는지 무엇을 배워야 하는지 모르는 채 무조건 지식을 습득하려고만 한다. 마음의 응어리를 푸는 것이 목적이기 때문이다. 하지만 배움이라는 것은 원래 끝이 없는 것이어서 못 배운 한은 결국 풀 수 없다.

욕심은 비교에서 나온다. 욕심에도 에너지가 있어서 그 사람이 하고 있으니 나도 그 사람이 하는 것을 하려고 한다. 아니 그 사람보다 더 많이 하려고 한다. 내 것이 아닌 것을 빼앗으려는 것이 욕심이다.

야망은 이 세상에 한 번 태어난 인생, 뭔가 이뤄서 이름을 날려야 한다고 생각하는 마음이다. 한과 욕심보다는 높은 차원의 자기 믿음이지만 시작은 '자기'다. 내가 무엇인가 해야 하고 내가 그것을 반드시 이루고 말리라는 마음이다.

한과 욕심과 야망을 밥 먹는 것에 비유해 쉽게 이야기하면 한은 과거에 밥을 실컷 못 먹었거나 먹고 싶은 것을 못 먹었던 사람이 지금 실컷 먹어서 허기를 풀려고 하는 마음이다. 욕심이 남이 한 그릇 먹는 것을 보고 나는 두 그릇 먹어야 한다고 생각하는 마음이라면, 야망은 두 그릇, 세 그릇 먹고 좋은 일을 해야겠다고 생각하는 마음이다.

자기 자신에게서 온 이런 믿음을 '종교'라고 한다. 여기서 말하는 종교의 특징은 자력 구원이다. 구원도 자기 힘으로 이루기 위해 열심을 다하는 것은 종교 생활이다. 종교 생활에 빠진 사람은 규칙적으로 무엇인가 하려는 습성이 있다. 바리새인들이 그런 사람들이었다. 그들은 하루에 세 번 세 시간씩 기도하고 날마다 613가지의 율법을 지키려고 노력했지만 그 모든 것을 자기 힘으로 이루려고 했다.

기독교는 정성을 들이는 종교가 아니다. 꼬박꼬박 새벽기도나 철야기도에 나오면서 불교에서 불공드리듯 정성을 들이려고 하는 사람들이 있다. 기독교는 마음을 수련하는 종교도 아니다. 기독교는 마음과 생각을 말씀으로 지키는 신앙이다. 하나님 말씀이 믿어지는 믿음이 신앙이다. 신앙은 종교와는 달리 자력自力 구원이 아니라 타력他力 구원을 이야기한다. 구원은 밖에서 나에게 오는 것이다.

'자기'의 결론은 딱 하나다. 내가 아무리 좋은 생각을 하고 의미 있는 행동을 한다고 해도 모두 하나님 앞에서는 죄일 뿐이다. 하나님으로부터 시작하지 않은 것이나 믿어지는 믿음이 되지 않으면 종교 생활을 할 수밖에 없다. 타력 구원의 의미를 아는 사람은 나에게 관심을 두는 것이 아니라 하나님에게 관심이 있다. 그런 사람이 하나님 나라를 보게 된다.

순리와 역리

창세기 12장 1절은 '여호와께서'로 시작한다. 아브라함의 이야기는 원래 창세기 11장 32절 '데라는 나이가 이백오 세가 되어 하란에서 죽었더라'로 시작되어 12장 1절 '여호와께서 아브람에게 이르시되'로 이어진다. 육신의 아버지 데라가 죽고 나서 하나님이 아브라함에게 말씀하셨다. 육신의 아버지가 기준이 되는 상태에서는 하나님의 말씀이 들리지 않는다. 아브라함도 육신의 아버지 데라가 죽고 나서 하나님의 말씀을 듣기 시작했다. 신앙생활을 10년, 20년 해도 한과 욕심과 야망 가운데 있으면 하나님 나라를 볼 수 없다. 이사야에게도 하나님이 웃시야 왕이 죽은 후에 환상을 보여주셨듯이 한과 욕심과 야망이라는 육신의 아버지가 죽지 않으면 계속 자기중심의 종교 생활을 하게 된다.

이사야 6장 1절 웃시야 왕이 죽던 해에 내가 본즉 주께서 높이 들린 보좌에 앉으셨는데 그의 옷자락은 성전에 가득하였고

나 역시 육신의 기준인 데라가 죽고 나야 한과 욕심과 야망이라
는 자기 종교성이 끝나고 진정한 신앙생활을 할 수 있다. 그때 하
나님이 나에게 주시는 비전, 공동체에 주시는 언약이 들리기 시작
한다. 비전, 언약, 말씀은 하나님에게서 오는 것이고, 하나님 나라
를 이루는 것이 목적이다. 기독교는 나로부터 시작하는 것이 아니
라 하나님으로부터 시작한다.

로마서 1장 18절 하나님의 진노가 불의로 진리를 막는 사람들의 모든 경
건하지 않음과 불의에 대하여 하늘로부터 나타나나니

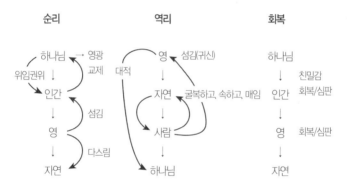

〈그림 2〉 순리, 역리, 회복

막는다는 말은 영어로 'suppress', 찍어 누르는 것이다. 진리를
찍어 누르는 불의가 있다. 로마서 1장 21절부터 계속해서 반복되
는 단어 중 하나가 '내버려 두사'인데, 다른 표현으로는 '유기遺棄'
라고 한다. 하나님이 계속 내버려두셨다는 말이다. '썩어지지 아니
하는 하나님의 영광을 썩어질 사람과 새와 짐승과 기어다니는 동

물 모양의 우상으로 바꾸었느니라는 말씀은 사람이 순리를 역리로 바꾸었다는 말이다.

이 때문에 하나님께서 그들을 부끄러운 욕심에 내버려 두셔서 그들의 여자들도 순리대로 쓰지 않고 바꾸어 역리로 쓰며 순리를 역리로 바꾸었다고 말씀한다.

하나님이 창조하신 순리의 세상은 하나님과 하나님을 경배하는 사람이 있고 사람이 천사를 부리는 세상이다. 그리고 자연이라는 환경이 존재한다. 하나님은 사람들과 함께 교제하며, 영광을 받고 부리는 영이 사람을 섬기고, 자연이 사람에게 다스림을 받는다. 하나님이 위임한 권위로 사람이 다스리고 정복하는 세상이다.

그런데 순리를 역리로 쓰기 시작하자 역리의 세상이 되었다. 역리의 세상이 되면 하나님의 피조물인 사람이 영을 섬기고, 보이는 자연에 완전히 굴복하고, 그 속에서 상황에 매이고, 자연에 매여 살기 시작한다. 그리고 하나님은 사람 아래에 있다. 사람은 하나님에게는 관심이 없고 자연을 섬기고 영을 섬긴다. 영도 자연도 하나님을 대적한다.

그 가운데 운행하시는 하나님에게 계획이 있는데 하나님 나라의 목적은 '회복'이다. 하나님과 사람이 친밀하게 관계하게 되고 영이 사람을 섬기고 하나님을 섬기는 존재가 되는 것이 회복이다. 하나님이 하나님 되게 하는 것이 하나님 나라다.

회복

자본주의 세상에서 소유하지 않으면 행복을 잃을 수도 있는 '돈'은 원래 선과 악이 없는 가치중립적인 것이다. 돈은 선하거나 악하지 않다. 다만 그 돈을 어떻게 사용하느냐에 따라 일만 악의 뿌리가 될 수도 있고_{디모데전서 6장 10절}, 하나님 나라의 수단이 될 수도 있을 뿐이다.

모든 교제의 통로가 될 수 있는 것이 물질이다. 사도바울이 '너희에게 신령한 것을 뿌렸은즉 너희의 육적인 것을 거두기로 과하다 하겠느냐_{고린도전서 9장 11절}'라고 말했는데 그 '육적인 것'이 바로 물질이다. 물질은 가치중립이지만 누가 그 물질을 사용하느냐에 따라 가치가 달라진다. 성경에서 말하는 '세상'은 두 가지다. 물질로 구성된 세상과 세속의 정신으로 움직이는 세상이다. 우리는 세속의 정신과는 대적하고 싸워야 하지만 하나님이 만드신 물질 그 자체인 세상은 사랑해야 한다.

요한복음 3장 16절 하나님이 세상을 이처럼 사랑하사

하나님은 세상을 선한 뜻으로 만드셨기 때문에 세상의 구조를 사랑하신다. 그래서 자연이 역방향으로 가는 것, 악순환으로 돌아가는 것에 대해 마음 아파하고 회복되기를 원하신다. 사람 편에서는 회복이 곧 구속이다. 하나님＞인간＞영＞자연이라는 순리의 세상이 하나님의 뜻대로 회복된 세상이고 동시에 인간의 측면에서는 구원을 의미한다. 하나님 나라는 나로부터 시작해서 나로 끝나거나 나로 완성되는 것이 아니다. 하나님＞인간＞영＞자연이라는 질서, 온전한 순리가 이루어지는 나라가 하나님 나라다.

> 고린도후서 5장 19절 곧 하나님께서 그리스도 안에 계시사 세상을 자기와 화목하게 하시며 그들의 죄를 그들에게 돌리지 아니하시고 화목하게 하는 말씀을 우리에게 부탁하셨느니라

십자가 사역은 사람만을 위한 것이 아니다. 하나님이 만드신 우주 전체에 대한 구원의 사역이다. 하지만 사람은 계속 자기중심적인 세계관과 가치관을 가지고 하나님을 본다. 그래서 성경의 인물도 개별적인 한 인간으로만 본다. 아브라함도 하나님 나라 안에 있는 아브라함으로 보지 않으면 영웅주의에 빠질 수 있다. 따라서 아브라함을 대단한 믿음이 있었던 조상이라고만 생각하게 된다. 신앙의 영웅주의를 꿈꾸게 되는 이유는 한과 욕심과 야망 때문이다. 그런 이들은 겉으로는 하나님을 말하는 것처럼 보이지만 하나님 나라와는 아무 상관없는 영웅주의에 빠져 살게 된다. 아브라함은 하나님 나라 안에 있었기에 믿음의 조상이라는 별칭을 갖게 되었다.

하나님이 쓰시는 사람

　성경에는 수많은 인물이 등장한다. 하나님은 영이시기에 육체로 오셔서 우리와 하나가 되셨고 한 몸이 된 사람과 함께 일하신다. 그런데 하나님에게 쓰임 받는 사람의 모양은 각양각색이다.

　첫째, 하나님은 마음이 착한 사람과 일하신다.

　성경에서 가장 대표적으로 착한 사람은 요셉이다. 성경 어디에도 요셉이 하나님 앞에서 무너진 이야기가 없다. 또 다른 인물은 갈렙이다. 갈렙은 여호수아와 같이 가나안이 하나님의 땅이라고 확신했던 사람이다. 그는 여호수아보다 먼저 그리고 더 확신 있게 말했다. 모세 앞에서 하나님 앞에서 '가나안 땅은 하나님이 주신 땅입니다'라고 말했던 사람은 갈렙이었지만 여호수아가 지도자가 되었다.

　여호수아는 갈렙이 원래 알던 사람으로 어쩌면 서로 대립각을 세울 수도 있었다. 여호수아는 자존감이 굉장히 낮은 사람이었다. 하나님은 그런 여호수아에게 '강하고 담대하라'라고 세 번이나 말씀하셨다. 그 이유는 그가 자신은 모세의 종이고 이스라엘 사람들을 지도할 만한 사람이 못 된다고 생각했기 때문이다. 그 정도로 자존감이 낮았던 여호수아가 하나님의 말씀으로 회복되어 용사가 되었다.

갈렙은 과거의 그를 알기에 여호수아의 약점도 너무 잘 알고 있었다. 사사건건 여호수아가 하는 일에 '그건 아닌 것 같은데?' 하며 반대할 수도 있었던 사람이라는 말이다. 그런데 성경 어디에도 갈렙이 여호수아를 반대했다거나 여호수아에게 순종하지 않았다는 내용은 없다. 경쟁자가 될 수도 있었던 사람인데 마지막에 '이 산지를 내게 주소서'라고 말할 때도 그는 여호수아에게 부탁했다. 하나님은 그런 선한 마음을 쓰신다.

둘째, 하나님은 상처받은 사람과 일하신다.

하나님이 쓰신 99퍼센트의 인물이 상처받은 사람들이었다. 아브라함, 모세, 바울, 베드로 모두 한 가지씩 문제가 있는, 상처받은 사람들이었다. 하나님은 그런 사람을 회복시켜서 사용하셨다. 상처를 덮을 수 있는 더 큰 은혜를 허락하고 그들이 더는 그 상처로 아파하지 않게 회복시켜서 하나님을 만나는 축복의 통로로 사용하셨다.

셋째, 하나님은 사람의 악한 마음도 쓰신다.

이것이 가장 중요한 사실이다. 대표적인 사람이 가룟 유다다. 하나님은 악한 마음을 이용해서라도 하나님의 경륜과 하나님 나라를 이루신다. 보통은 마음이 선해야만 하나님이 쓰실 것으로 생각한다. 하지만 하나님의 큰 그림 안에서는 누구든 다 쓰임 받는다.

그렇다면 우리의 기도가 달라져야 한다. 내 악한 마음이 쓰임받지 않기를, 내 상처받은 마음이 회복되어 쓰임 받기를, 그리고 늘 내 선한 마음이 쓰임 받기를 간구해야 한다. 그렇지 않으면 어느 순간 악의 도구로 사용되어 하나님을 드러내게 될 수도 있다는 것을 깨달아야 한다. 사람은 문제가 있을 때 방법을 구하지만 하나님은 사람을 찾으신다. 하나님의 영광을 위해, 하나님 나라를 위해 누구든 쓰임 받을 수 있기에 우리는 늘 겸손해야 한다.

이신성화 以信聖化

아브라함의 신앙은 하나님에게서 시작되었다. 믿어지는 믿음에서 시작되었기 때문이다. 데라가 죽고 나서 아브라함이 하나님 앞에서 한 것은 아무것도 없었다. 그런 그를 하나님이 찾아와 말씀하셨다. 로마서에서 사도바울이 '행함이 아니라 믿음으로 의인이 되었다'라고 했던 말도 같은 의미다. 하나님에게서 시작해서 하나님으로 끝이 나는 것이 아브라함 신앙이다. 믿음조차 믿은 것이 아니라 믿어진 것이다. 아브라함의 믿음에 대해 야고보서에서도 똑같이 그의 믿음이 행함이 있는 믿음이었다고 설명한다. '이신칭의以信稱義'이듯이 '이신성화以信聖化'다. 다시 말해서 믿음으로 의롭다 칭함을 받았고 믿음으로 내가 거룩해진다.

하나님의 경륜, 하나님의 청사진master plan은 이 세상 모든 것, 나만이 아니라 우주 전체, 하나님이 만드신 모든 만물을 회복시키는 것이다. 그래서 복음의 목적은 회복이다. 장님이 눈을 뜨고, 귀머거리가 듣고, 앉은뱅이가 일어난다. 이 회복의 목표는 바로 '하나님 나라'다.

구약과 신약의 주제도 모두 하나님 나라다. 역리의 나라가 순리의 나라가 되는 것, 거역의 나라가 순종의 나라가 되는 것, 온전하고 완전하게 되는 것이 목표다. 그래서 예수님도 '회개하라. 천국이 가까이 왔느니라'라고 첫 설교를 하셨고, 마지막 선지자 세례요한도 '회개하라. 천국이 가까이 왔느니라'라는 말씀을 전했다. 그런 의미에서 복음서 중 최고의 복음서는 마태복음이라고 할 수 있다. 왜냐하면 천국, 하나님 나라라는 높은 차원의 말씀을 하고 있기 때문이다.

하나님은 '언약'을 기반으로 하나님 나라를 이루신다. 하나님 나라라는 목표를 이루기 위한 역사적이고 합법적인 수단이 언약이다. 언약은 말씀이라고 할 수도 있고 비전이라고 할 수도 있다. 하나님은 말씀이라는 수단을 통해 하나님 나라를 이루고 하나님의 기본설계에 따라 회복되는 순리의 나라를 만들기 원하신다.

하나님은 언약을 유지하기 위해 '법'을 주셨는데, 언약과 언약법은 다르다. 언약은 의식ceremony이나 식式으로, 결혼식 같은 것이다. 그런데 그 안에 맹세가 있다. 바로 결혼 서약이다. 이것은 비가 오나 눈이 오나 사랑하겠다고 약속하는 법이다. 그런데 이 법은 바뀔 수 있다. 식式은 사람과 사람 사이에 치른 어떤 행사이고 궁극적인 목표는 하나님 나라에 맞춰져 있다. 그런데 유대인이나 바리새인은 그 법이 더 중요하다고 생각했다. 하지만 법은 언약을 이루기 위한 수단일 뿐이다. 언약은 수단이고 목적은 하나님 나라다.

네 가지 하나님 나라

하나님 나라는 시간적인 의미의 하나님 나라와 공간적인 의미의 하나님 나라로 나눌 수 있다. 시간과 공간 속에서 이루어지는 하나님 나라는 소극적으로 나타나기도 하고 굉장히 적극적으로 나타나기도 한다. 또 폭발적으로 나타나기도 하고 우주적으로 나타나기도 한다.

① 창 1–11장	② 창 12장– 말라기	③ 신약	④ 종말
소극적 원시 언약 (피언약)	적극적 족장 언약 (법으로) 십계명 (시내산 언약)	폭발적 새 언약 (산상수훈)	우주적 언약의 성취 (사랑의 법)

〈표 4〉 네 가지 하나님 나라

'나타났다'라는 말은 역사 안에 개입해서 일하신다는 의미다. 하나님 나라는 어제나 오늘이나 영원토록 같다. 그런데 인간의 역사에 개입할 때는 적극적인 하나님 나라로 나타날 때가 있고, 소극적인 하나님 나라로 나타날 때도 있다.

'소극적 언약'이란 하나님이 역사 속에 아직 적극적으로 개입하지 않았던 때의 언약인 원시언약이다. 창세기 3장에서 아담과 하와는 에덴동산에서 쫓겨날 때 하나님이 만들어주신 가죽옷을 입고 있었다. 가죽옷을 입혀 주신 것 자체가 원시언약, 피의 언약이다.

성경에서 말하는 피는 생명이다. 피를 먹지 말라고 말씀하신 것도 그것이 생명이기 때문이다. 죄의 삯은 사망인데 그 사망을 이기기 위해서는 생명으로 덮어야 한다. 그 때문에 피로 죄를 덮는다. 구약에서 드렸던 피의 제사는 '내가 죄인입니다'라는 고백을 전제로 한다. 최초의 예배자는 가인과 아벨이었다. 가인은 자신이 의인이라고 생각하며 예배를 드렸고 아벨은 자신이 죄인이라고 고백하는 예배를 드렸다.

공동예배를 드리고 나서 '오늘 찬양이 너무 마음에 안 들었어요. 예배 분위기, 정말 아니었습니다'라고 했다면 그가 드린 예배의 주인은 '나'였다. 그는 자신이 원하는 예배를 드리고 싶었던 것이다. 가끔 교인들이 와서 '오늘 예배 설교에 은혜 받았습니다'라고 말하면 나는 둘 중 하나라고 생각하게 된다. 진짜 은혜를 받았든지 아니면 자신이 원하는 말을 해 줘서 감사하다고 한 것이라고.

아벨의 심정으로 예배를 드리는 사람은 하나님 앞에 거꾸러진 사람이다. 이들은 '하나님이 주인이십니다'라고 고백한다. 자신이 죄인이라고 가슴 치는 세리의 심정으로, 아벨의 심정으로 예배한다. 예배의 주인은 하나님이고 그 앞에 은혜를 구한다.

반면 족장의 언약은 '적극적으로 나타난 하나님 나라'다. 창세기 12장에는 역사 속에서 가장 구체적으로 나타난 족장의 언약이 나온다. 하나님이 직접 나타나서 하신 언약이다. 또 모세가 시내 산에서 하나님에게 언약의 법, 십계명을 받은 것도 하나님 나라가 적극적으로 나타난 사례다.

'폭발적으로 나타난 하나님 나라'는 신약에 나오는 새 언약을 말한다. '회개하라 천국이 가까웠느니라'라는 언약이다. 천국은 바로 예수님이다. 그리고 새 언약인 예수님을 통해 나타난 언약법이 산상수훈이다.

'우주적으로 나타나는 하나님 나라'는 마지막 종말의 때에 이루어지는, 언약이 성취된 나라다. 어떤 언약법도 필요하지 않고 사랑의 법으로만 통치되는 나라다.

하나님 나라는 구체적인 언약과 언약법을 통해 봐야 한다. 개개인의 신앙만을 보는 것으로는 한계가 있다. 우리는 하나님의 큰 경륜과 하나님 나라를 보지 않으면 자기중심적인 신앙 생활에 머물게 된다. 하나님이 나에게 주신 비전이 가정에서 가족들을 위해 열심히 밥하고 설거지하고 청소하는 것이라면 그것이 하나님 나라를 이루는 일일 수도 있다. 사람들은 하나님 나라나 하나님의 비전이라고 하면 모두 큰 일이라고 생각한다. 하지만 나에게 주신 말씀이 무엇이고 나에게 주신 언약법이 무엇인지 정확하게 알고, 주신 그것을 하는 것이 하나님 나라를 이루는 것이다. '무엇'을 하고 있는지가 중요한 것이 아니라 '왜' 그것을 하고 있는지가 중요하다. 나만을 위해 하는 것과 하나님을 위해 하는 것은 다르다.

하나님의 씨

하나님은 아브라함에게 족장의 언약을 주셨다. 하나님 나라가 적극적으로 나타나기 시작한 것이다. 나라를 이루려면 주체와 영토와 법이 있어야 한다. 하나님 나라의 '주체'는 당연히 하나님이다. 그리고 하나님 나라의 위임된 주체는 하나님의 백성이다. 대한민국은 한반도 전체와 그 부속도서附屬島嶼라는 공간으로 이루어진 나라인데, 하나님 나라도 통치 공간이 있어야 하고 그 공간을 다스리기 위한 법도 필요하다.

> 창세기 12장 2~3절 내가 너로 큰 민족을 이루고 네게 복을 주어 네 이름을 창대하게 하리니 너는 복이 될지라. 너를 축복하는 자에게는 내가 복을 내리고 너를 저주하는 자에게는 내가 저주하리니 땅의 모든 족속이 너로 말미암아 복을 얻을 것이니라 하신지라

'내가 너로 큰 민족을 이루고'라는 말씀은 하나님 나라의 씨에 대해 말한다. '이름을 창대하게 하리니'라는 말씀은 이름을 창대하

게 하는 법을 가지고 있다는 의미다. '땅의 모든 족속'은 그 법이 통치되는 공간을 말하며, '복의 근원'은 성취될 언약을 말한다. 아브라함에게 주신 약속은 마태복음 1장 1절 '아브라함과 다윗의 자손 예수 그리스도의 계보라'에서 성취된다. 이 말씀에 나오는 아브라함과 다윗은 약속을 받은 주체다. 하나님이 아브라함에게 주신 약속이 있고, 다윗에게 주신 약속이 있다. 아브라함에게 주신 약속은 영원한 관계이고, 다윗에게 주신 약속은 영원한 통치다.

그런데 모세에게 주신 약속은 아브라함과 다윗의 약속과는 다르다. 모세에게 주신 약속은 언약법이었다. 그렇기에 지키면 복을 주고 지키지 않으면 저주를 준다는 조건이 있는 약속이었다. 반대로 아브라함과 다윗에게 주신 약속은 무조건적이다. 하나님 나라이기에 조건이 없다. 하나님 나라는 선물이다. 하지만 하나님 나라를 어떻게 추구하고 누리는가에서는 차이가 있다. 하나님 나라 자체는 하나님의 큰 경륜 가운데서 은혜로 주신 것이지만 추구하고 누리는 정도에서는 조건이 다르다.

하나님은 하나님 나라를 은혜로 주기 위해 아브라함을 통해 주체와 영토와 법, 이 세 가지를 준비하셨다. 그것이 아브라함에게 주신 하나님의 비전이었다. 첫 번째, 주체의 준비는 창세기 22장에 기록되어 있다. 하나님은 아브라함에게 아들을 주셨다. 그러나 그 아들이 아브라함의 아들이 아니라 하나님이 주신 생명임을 깨닫게 하기 위해 아브라함을 시험하셨다. 여호와는 '네 아들, 네 사랑하는 독자, 이삭'을 바치라고 말씀하셨다. 아버지와 아들은 생명 관계다. 게다가 '네 사랑하는 독자', 하나뿐인 아들이다. 유업을 이어받을 유일한 혈육이다.

이삭이라는 이름의 의미는 '웃음'이다. 하지만 원래는 '비웃음'이어야 한다. 주의 사자가 아브라함과 사라에게 아들을 낳을 것이라고 말했을 때 사라가 비웃었기 때문이다. 이것을 하나님이 웃음으로 바꾸었다. 비웃음은 하나님의 말씀을 믿지 않은 불순종의 모습이었다. 그래서 이삭을 부를 때마다 부부는 두 가지를 생각했다. 하나는 자신들이 얼마나 믿음이 없었나에 대한 깨달음이었고, 다른 하나는 '그래도 하나님이 끝내 근심이 사라지도록 우리에게 아들을 주셨구나!' 하는 은혜였다. 이삭은 결국 하나님이 주신 아들이었다. 그런 아들을 바치라고 하셨다. 하나님이 주신 생명이 진성한 생명의 주체가 되려면 그 생명을 하나님에게 위임하고 위탁해야 한다. 나에게 가장 중요한 것, 유일한 것을 드려야 한다. 하나님에게 받은 것이라도 다 드려야 하나님의 생명이 된다.

> 창세기 23장 16절 아브라함이 에브론의 말을 따라 에브론이 헷 족속이 듣는 데서 말한 대로 상인이 통용하는 은 사백 세겔을 달아 에브론에게 주었더니

창세기 23장에서 아브라함은 하나님 나라의 '영토'를 준비한다. 하나님이 주신 땅은 가나안이었는데, 은 4백 세겔로 막벨라 굴을 사는 것으로 시작된다. 아브라함은 그 땅을 차지하기 위해 대가를 치렀다. 하나님 나라를 위해 보이는 땅을 돈을 주고 샀다.

창세기 15장과 17장에서는 하나님이 아브라함과 언약식을 하신다. 두 장은 연결되는 말씀이다.

창세기 15장 10~18절 아브람이 그 모든 것을 가져다가 그 중간을 쪼개고 그 쪼갠 것을 마주 대하여 놓고 그 새는 쪼개지 아니하였으며 솔개가 그 사체 위에 내릴 때에는 아브람이 쫓았더라 해 질 때에 아브람에게 깊은 잠이 임하고 큰 흑암과 두려움이 그에게 임하였더니 여호와께서 아브람에게 이르시되 너는 반드시 알라 네 자손이 이방에서 객이 되어 그들을 섬기겠고 그들은 사백 년 동안 네 자손을 괴롭히리니…… 해가 져서 어두울 때에 연기 나는 화로가 보이며 타는 횃불이 쪼갠 고기 사이로 지나더라 그 날에 여호와께서 아브람과 더불어 언약을 세워 이르시되 내가 이 땅을 애굽 강에서부터 그 큰 강 유브라데까지 네 자손에게 주노니

언약식은 동등한 존재가 서로 약속하는 것이다. 가장 동등한 관계는 부부 관계다. 신랑이신 예수 그리스도와 신부인 내가 하는 약속이라는 의미다. 횃불이 지나갔다는 것은 불로 언약sign하셨다는 의미다.

창세기 17장 4~5절 보라 내 언약이 너와 함께 있으니 너는 여러 민족의 아버지가 될지라 이제 후로는 네 이름을 아브람이라 하지 아니하고 아브라함이라 하리니 이는 내가 너를 여러 민족의 아버지가 되게 함이니라

창세기 17장 9~10절 하나님이 또 아브라함에게 이르시되 그런즉 너는 내 언약을 지키고 네 후손도 대대로 지키라, 너희 중 남자는 다 할례를 받으라 이것이 나와 너희와 너희 후손 사이에 지킬 내 언약이니라

언약은 일방이 아니라 쌍방이 한다. 하나님도 언약하시고 아브라함도 언약한다. 할례는 피를 흘려야 할 수 있는 것이어서 목숨 걸고, 내 몸을 쳐서 복종함으로 하나님과의 약속을 지키겠다는 의미다.

믿음의 조상인 아브라함도 무너진 일이 있었다. 그는 두 번씩이나 부인을 누이라고 속였다. 그런데도 그는 하나님 나라의 생명과 영토와 법언약을 이루었기 때문에 믿음의 조상이 되었다.

지금 여기에서

하나님 나라는 언제 이루어지는 것일까? 이 문제를 이해하려면 하나님이 주신 시간의 두 가지 의미를 이해해야 한다.

먼저 때가 차야 이루어지는 시간이다. 기도가 차고 믿음이 채워지면 어느 순간 폭발이 일어난다. 또 하나는 종말론적 시간이다. 종말은 시작과 끝이 있다는 것을 의미하는 단어다. 종말론적 시간은 하나님의 시간이다. 하나님은 종말에 반드시 회계하신다. 결산하신다. 종말론적 시간관으로 산다는 것은 순간순간 하나님이 나에게 주신 삶을 최선을 다해 산다는 의미다. 그런 의미에서 '지금 여기'라는 현재를 사는 것이다. 하나님은 늘 현재성을 띤다. 하나님의 시간은 '이미' 시작되었다. 하지만 '아직' 이루어지지 않은 하나님 나라가 있다. 그래서 현재가 중요하다.

> **출애굽기 3장 14절** 하나님이 모세에게 이르시되 나는 스스로 있는 자이니라 또 이르시되 너는 이스라엘 자손에게 이같이 이르기를 스스로 있는 자가 나를 너희에게 보내셨다 하라

요한복음에는 'I am who I am.'의 'am'이라는 be 동사가 일곱 번 나온다. 일곱 번 모두 예수님이 자신이 하나님이라는 것을 드러내는 말씀이다. 예를 들어 요한복음 8장 58절 '예수께서 이르시되 진실로 진실로 너희에게 이르노니 아브라함이 나기 전부터 내가 있느니라'라는 말씀을 영어로 보면 'Before Abraham was born, I am.'이다. 아브라함이 나기 전이라면 과거다. 그러면 뒤에 주절이 I am이 되면 안 된다. '내가 있었다'라고 하려면 'I was'나 'I had been'으로 써야 맞는다. 그런데 I am이라고 쓰여 있다. 문법적으로 맞지 않는 '나는 있다'라는 표현이다.

이 'I am'이라는 표현이 바로 '하나님의 영원한 현존'을 의미한다. 하나님의 이름이 늘 현재성을 가지고 있는 것처럼 하나님 나라도 현재 이루어지는 나라다. 따라서 내가 '현재' 어떻게 하나님 나라를 추구하고 살 것이냐가 중요하다. 지금을 중요하게 여기는 것이 종말론적 시간관으로 사는 삶의 모습이다.

사람들 대부분은 아름다운 과거에 얽매여 있든지 보이지 않는 미래에 대한 두려움 때문에 무엇인가 추구하면서 살아간다. 하나님 나라의 시간과 공간을 바라보는 데는 균형적인 시각이 필요하다. 시간을 우선하면 공간의 문제는 소홀히 여기게 된다. 반면 공간을 중요하게 여기면 현재의 시간을 공간을 만드는 데만 집중하게 된다. 하나님 나라를 공간의 개념으로만 이해하고 있기 때문에 현실에서 보이는 것에만 집착하는 것이다.

하나님의 영광과 임재가 있었던 법궤는 늘 움직였다. 그런데 성전이 지어지고 한 곳에 머무르게 되면서 타락하기 시작했다. 초대 교회 터들이 지금의 터키 지역에 있는데 어느 한 곳도 온전하게 남아 있는 곳이 없다. 하나님이 초대교회를 중요하게 여겼고 특별히 건물이나 공간이 중요했다면 온갖 시련 속에서도 처음 그대로 남아 있게 하셨을 것이다.

우리가 종말론적 시간관을 가지고 현재를 살지 않으면 하나님이 원하시는 시간이 아닌 다른 시간 속에 살게 된다. 하나님이 주신 지금 이 시간이 나에게 주신 최고의 시간이고, 지금 이곳이 나에게 주신 최고의 자리다.

지금 내가 해야지 나중으로 미룰 일이 아니다. 예배드리러 교회에 와서 앉아 있는 사람이 중요하지 오지 않은 사람, 앞으로 올 사람이 더 중요하지 않다. 가까이에 있는 사람을 나에게 주신 최고의 사람이라고 생각하고 집중해서 최선을 다해 사랑해야 한다. 그것이 하나님 나라를 사는 하나님의 사람이 보여야 할 모습이다.

내 마음의 집

　하나님 나라는 보이는 나라인 가나안 땅이었다가 어느 순간 예루살렘으로, 성전으로 의미가 바뀌었다. 하지만 이제는 하나님이 머무시는 우리의 마음이 하나님 나라가 되었다. 보이는 공간이 아니라 보이지 않는 공간이다. 하나님 나라를 이룬다는 것은 내가 마음의 공간을 빼앗기지 않으려고 싸워야 한다는 의미다. 보이지 않는 공간을 차지하기 위한 마음의 싸움이다.

화장실 숨기고 싶은 상처, 보이기 싫은 문제	부엌 먹고 사는 문제
침실 은밀함, 쉼, 휴식	거실 주재권

〈그림 3〉 내 마음의 집

〈그림 3〉을 보면 주님이 내 마음의 집에 가장 먼저 들어오시는 장소는 거실이다. 거실은 인생의 주재권주인이 되는 권리이 누구에게 있는가를 나타낸다. 거실에 주님이 들어오셨다는 것은 내 인생의 주인이 하나님이라는 고백을 하게 되었다는 뜻이다. 그런데 주님은 거실에만 머무르지 않고 침실에도 들어오고 싶어 하신다. 침실은 은밀한 곳이고 쉴 수 있는 공간이다. 주님이 침실에 들어오려고 하는데 '주님 아직 청소를 못 했어요. 계속 거실에 계셔야 해요'라고 한다면 들어오실 수 없다. 부엌은 먹고사는 문제의 장소를 의미한다. 주님은 그 문제 속에서도 주인 되기를 원하신다. 우리는 '주님, 세상이 얼마나 살벌한지 모르시잖아요. 그러니까 제가 다 알아서 하겠습니다'라고 말하지만 주님은 그 문제들까지 의논하고 도움을 구하기를 바라신다. 화장실은 숨기고 싶은 상처나 보여주고 싶지 않은 문제들이 있는 장소를 의미한다.

요한계시록 3장 20절에 있는 '내가 문 밖에 서서 두드리노니'라는 말씀은 믿지 않는 사람들에게 마음의 문을 열라고 하신 말씀이 아니다. 이미 주님이 주인 되심을 인정한 사람들의 마음 문을 두드린다는 뜻이다. '내가 그 공간에 들어가도 되겠니?'라고 묻는 하나님 앞에서, 내 마음의 공간을 내어 드리는 공간 싸움에서 주님이 승리해야 한다. 하나님 나라를 세운다는 것은 계속 내 삶의 영역에서 하나님의 주재권을 인정하는 것이다.

또한, 하나님 나라를 이룬다는 것은 마음의 공간을 넘어 사람이 살면서 만나게 되는 여덟 가지 영역정치, 경제, 문화, 언론, 종교, 과학, 교육, 가정에서 참된 가치를 이루는 것이다. 정치에서는 진정한 다스림을 이루어야 한다. 경제에서는 새로운 것을 만들어 가거나 잘

나누는 구제를 이루어야 한다. 문화에서는 아름다움을 추구하며, 언론에서는 바르고 공정한 말의 가치를 추구해야 한다. 종교에서는 믿음을, 과학에서는 합리적이고 이성적인 삶을, 교육에서는 가르치고 배우는 것을, 가정에서는 최초의 공동체를 사랑으로 세우는 것을 추구해야 한다. 하나님은 이 모든 영역에서 주인 되기를 원하신다. 만약 무너진 영역이 있다면 그 영역을 하나님이 다스려주시기를 바라며 위임하고 위탁해야 한다.

구약성경에서는 하나님을 사랑하고 이웃을 사랑하라고 말씀한다. 하나님을 사랑하되 마음을 다하고, 성품을 다하고, 뜻을 다하고, 목숨을 다하여 사랑하라고 한다. 그리고 내 이웃을 사랑할 때는 나를 사랑하듯 사랑하라고 말씀한다. 이 사랑의 기준은 '나'이다. 가장 기초적인 것으로부터 시작하는 사랑이다. 그런데 예수님이 오셔서 그 사랑의 기준을 바꿨다. '내가 너희를 사랑한 것처럼 너희도 서로 사랑하라'라고 말씀하셨다. 이 사랑의 기준은 '하나님'이다. 구약의 사랑은 기준이 '나'이고 신약의 사랑은 기준이 '하나님'이다. 내가 하나님의 기준만큼 사랑할 수 있는 사람이 되었다는 의미이고, 우리를 그렇게 대우하겠다는 말씀이다. 하나님 나라는 그렇게 하나님이 기준이 되는 사랑에 도달한다.

창세기 12장 1절에서는 '여호와께서 아브라함에게 이르시되 너는 너의 고향과 친척과 아버지의 집을 떠나'라고 말씀하는데 하나님 나라도 고향과 친척과 아버지의 집을 떠나는 것에서 시작한다. 그리고 '내가 네게 보여 줄 땅으로 가라'처럼 하나님 나라를 향해서 나아간다. 고향, 친척, 아버지의 집이라고 하는, 계속해서 걸리는 인정과 사정과 물정을 버리고 가야 한다. 큰 민족을 이루고 이름이 창대해지고 복의 근원이 될 것이라고 말씀하신 언약을 붙잡고 가야 한다. 하나님의 생명을 품고 하나님이 약속하신 가나안 땅을 향해 하나님의 말씀을 이루며 가는 것이 아브라함 신앙이다.

하나님 나라를 볼지 내 나라를 볼지, 하나님이 원하는 신앙 생활을 할지 내가 원하는 신앙 생활을 할지를 잘 분별하지 않으면 계속 하나님과 상관없는 신앙 생활을 할 수도 있다. 세상의 기준으로 하는 종교 생활을 신앙 생활이라고 착각하면 안 된다.

주제별
성경연구

4부
복음의 능력

요한복음 1장 10~17절 그가 세상에 계셨으며 세상은 그로 말미암아 지은 바 되었으되 세상이 그를 알지 못하였고 자기 땅에 오매 자기 백성이 영접하지 아니하였으나 영접하는 자 곧 그 이름을 믿는 자들에게는 하나님의 자녀가 되는 권세를 주셨으니 이는 혈통으로나 육정으로나 사람의 뜻으로 나지 아니하고 오직 하나님께로부터 난 자들이니라 말씀이 육신이 되어 우리 가운데 거하시매 우리가 그 영광을 보니 아버지의 독생자의 영광이요 은혜와 진리가 충만하더라 요한이 그에 대하여 증거하여 외쳐 이르되 내가 전에 말하기를 내 뒤에 오시는 이가 나보다 앞선 것은 나보다 먼저 계심이라 한 것이 이 사람을 가리킴이라 하니라 우리가 다 그의 충만한 데서 받으니 은혜 위에 은혜러라 율법은 모세로 말미암아 주어진 것이요 은혜와 진리는 예수 그리스도로 말미암아 온 것이라

거듭남 born again

'영접'은 믿는다는 뜻이다. '영접하는 자 곧 그 이름을 믿는 자들에게는'이라고 할 때의 믿음은 믿어지는 믿음이다.

그 믿음의 첫 번째 고백은 하나님이 예수 그리스도라는 믿음이다. 유대교, 이슬람교, 기독교 3대 종교가 한 뿌리에서 나왔다. 그런데 갈라지게 된 이유가 '예수 그리스도가 하나님'이라는 것 때문이다. 이것만 믿어지면 우리 신앙의 근본이 달라진다.

두 번째 고백은 하나님이 예수 그리스도인데 오늘도 살아 역사하신다는 믿음이다. 예수님이 부활해서 지금, 오늘, 여기에서 역사하시며 우리를 인도하고 깨우쳐 주고 있다는 자각이다.

세 번째 고백은 하나님이 나의 주인이 되신다는 믿음이다. 내 인생의 주인이 내가 아니라 창조주 하나님이라는 사실이 믿어진다는 말이다. 로마서 3장부터 5장까지는 하나님이 선물로 주신 '믿음의 씨'를, 6장부터 8장은 주재권을 말씀한다. 그래서 로마서 6장부터 8장까지 통과해야 진짜 하나님의 자녀가 되는 것이다. 정말 하나님을 영접했는지는 인생의 주인을 누구라고 인정하는지를 보면 알 수 있다.

네 번째 고백은 내가 하나님 앞에서 죄인이라는 것을 깨닫고 하나님을 향해 가겠다는 믿음이다. 죄에서 벗어나 하나님을 향해 가야 한다. 하나님이 예수 그리스도라는 것, 그분이 오늘도 살아 역사하신다는 것, 하나님이 나의 주인이라는 것, 내가 죄인이라는 것을 깨닫고 하나님을 향해 나아가겠다고 고백하는 것이 바로 '믿어지는 믿음'의 고백이다.

믿는다는 것은 '거듭남born again'이다. 영접하고서 거듭나는 것이 아니라 거듭남을 통해 영접할 수 있다. 거듭남이라는 단어는 원어로는 위로부터 태어났다born from above라는 뜻이다. 내가 위로부터 내려온 사람이라는 말이다.

그 길the way

서듭났다는 말에는 세 가지 의미가 있다.

첫째, 내가 하늘에서 온 사람이라는 의미다. 하늘에서 온 사람과 반대되는 사람은 혈통_땅으로 난 자다. 둘째, 내가 말씀으로 낳은 사람이라는 의미다. 그 반대는 사람의 뜻으로 난 자다. 셋째, 영의 변화transformation가 있는 사람이라는 의미다. 새로이 형성되는 것이 거듭남이다. 반대는 육정으로 난 자다.

> 요한복음 1장 12~13절 영접하는 자 곧 그 이름을 믿는 자들에게는 하나님의 자녀가 되는 권세를 주셨으니 이는 혈통으로나 육정으로나 사람의 뜻으로 나지 아니하고 오직 하나님께로부터 난 자들이니라

'이는 혈통으로나 육정으로나 사람의 뜻으로 나지 아니하고'라는 말씀은 하늘에서 왔고, 말씀으로 나왔고, 온전하게 영이 바뀌어 다시 태어난 자라는 의미다. 영접한 자는 예수 그리스도를 주인으로 고백한다. 혈통과 육정, 사람의 뜻으로는 도저히 고백할

수 없는 말이다. 그래서 신비다. 거듭남은 하늘에서부터, 말씀으로부터, 영의 변화로부터 시작된다.

내가 하늘에서 태어났다는 말은 내가 하나님과 DNA가 같은 자녀라는 의미다. 하나님의 자녀는 사방이 막힌 상황, 고난 가운데 있을 때 하나님을 찾을 수밖에 없는 DNA를 가지고 있다. 내가 하나님의 아들인 것은 법적으로도 인정된 사실이다.

아무리 DNA가 같아도 호적에 이름이 없으면 자녀라고 할 수 없다. 하나님이 우리를 자녀 삼으신 것은 비밀스럽게 이루어진 일이 아니다. 공식적으로 분명하게 자녀로 세우셨다. 누구도 그 사실에 대해 정죄하거나 고소하거나 반박할 수 없다. 성경 말씀에도 내가 하나님의 자녀라는 사실이 생명책에 기록되어 있다고 나온다.

거듭난 사람이 영의 변화를 경험하면 하나님과 내가 함께 살고 있다는 의미가 된다. DNA가 같고 호적에 이름이 올라 있다고 하더라도 보육원에서 살고 있다면 자녀라고 할 수 없다. 내 삶이 실제로 하나님의 자녀다운 모습으로 나타나야 한다. DNA가 같고, 법적으로 증명되며, 우리가 하나님 앞에서 거듭나서 새로운 피조물로 사는 것이 하나님을 영접한 자의 삶이다.

하지만 믿는 자들이 이 삶을 느끼고 깨닫지 못하는 이유는 무엇일까?

> 이사야 59장 1~2절 여호와의 손이 짧아 구원하지 못하심도 아니요 귀가 둔하여 듣지 못하심도 아니라 오직 너희 죄악이 너희와 너희 하나님 사이를 갈라 놓았고 너희 죄가 그의 얼굴을 가리어서 너희에게서 듣지 않으시게 함이니라

사람들은 죄에 가로막혀 거듭난 삶을 살지 못한다. 내 안에서 죄의 문제가 해결되지 않으면 자신이 어떤 존재인지 깨달을 수 없다.

밧세바와 간음했던 다윗은 나단 선지자 앞에서 세 가지 죄를 고백한다.

첫째는 '죄과'다. 죄과는 '법을 어겼다', '침범하다' 또는 '경계선을 넘는다'라는 뜻이다. 하나님이 그어주신 경계선, 한계선을 넘는 것이 죄과다.

둘째는 '죄악'이다. 죄악은 결함이나 반칙이나 탈선, 구부러짐이라는 의미다. 곧지 못하고 구부러지고 찌그러진 모습이다. 예수님은 '내가 곧 길이요 진리요 생명이니'라고 말씀하셨다. 하나님이 주신 길이 있다. 히브리서는 그 길을 '새 길'이라고 말씀했다.

죄악은 하나님이 주신 길이 아닌 다른 길로 가는 것이다. 주님이 주신 길은 '좁은 길'이어서 다니는 사람이 별로 없다. 좁고 굴곡도 많아서 다니기가 힘든 길이기도 하다. 이 길을 마다하고 자신이 생각하는 길로 가는 것을 죄악에 빠졌다고 한다. 역리인데 순리라고 생각하면서 가장 편한 그 길로 계속 간다면 죄악에 빠져 있는 것이다.

셋째는 '죄'다. 죄는 희랍어로 '하마르티아'인데 '과녁을 빗나갔다'라는 의미다. 과녁의 중심을 맞춰야 하는데 중심에서 벗어났다는 말이다. 성경에서는 하나님을 선택할지 물질을 선택할지 둘 중 하나를 하라고 말씀한다. 둘 다 선택할 수는 없다. 둘 다 선택하려는 것은 과녁의 중심을 맞추지 못한 삶이다. 교회에 다니지 않는 사람들은 자신이 왜 죄인이냐고 부인하지만 교회에 다니는 사람들은 날마다 죄 앞에 짓눌려 있다. 평상시에는 잘 살다가 교회에 가서 설교를 들으면 자신의 죄가 보이기 때문이다. 매번 죄에 눌려 죄책감으로 사는 사람이나 자기가 죄인인 것조차 모르고 자기 기준으로 사는 사람이나 둘 다 어리석은 건 마찬가지다.

율법의 기능

로마서 3장 20절 그러므로 율법의 행위로 그의 앞에 의롭다 하심을 얻을 육체가 없나니 율법으로는 죄를 깨달음이니라

갈라디아서 3장 19절 그런즉 율법은 무엇이냐 범법하므로 더하여진 것이라 천사들을 통하여 한 중보자의 손으로 베푸신 것인데 약속하신 자손이 오시기까지 있을 것이라

갈라디아서 3장 19절 공동번역 그러면 율법은 무엇 때문에 있게 되었습니까? 그것은 약속된 그 후손이 오실 때까지 죄가 무엇인지 알게 하시려고 덧붙여 주신 것입니다

율법과 율법의 행위는 다르다. '율법으로는 죄를 깨달음이니라'라는 말씀은 율법 자체는 선과 악의 기준을 세워 주는 것일 뿐이라는 의미다. 갈라디아서 3장은 우리에게 율법의 3가지 특징을 말하고 있다.

첫째, 율법은 '범법함을 인하여' 다시 말해 죄 때문에 주셨다. 우리에게 죄가 없으면 율법도 필요 없다.

둘째, 율법은 더해진 것이다. 율법을 모세 때 받았는데 하나님의 백성은 아브라함부터 시작되니까 아브라함에서 모세까지 430년 동안은 율법이 없었다. 하나님은 자기 백성이 '죄가 무엇인지 알게 하려고' 율법을 더해 주셨다. 그래서 율법도 은혜다. 우리는 은혜로 율법을 해석해야 한다. 그런데 많은 사람이 반대로 율법으로 은혜를 해석하려고 한다. 하나님은 율법을 수단으로 쓰셨을 뿐 율법을 주신 원래 목적은 은혜를 주기 위해서다. 이것이 뒤바뀌면 하나님의 의도를 오해하게 된다. 하나님은 430년 동안 율법 없이도 세상을 움직이셨다. 율법이 없어도 된다는 말이다.

셋째, 율법의 기능과 효능 자체가 시간적인 한계와 제한이 있다. '약속하신 자손이 오시기까지 있을 것이라_{갈라디아서 3장 19절}'라는 말씀은 율법이 '주님이 오시기까지'만 효용이 있는 시간의 한계를 갖고 있다는 뜻이다. 이는 율법 자체는 본질이 아니고 수단임을 더욱 선명하게 보여준다. 제사법과 관례와 규례가 모두 율법에 속하는데 이 모든 것은 예수님이 오신 것으로 이미 효용성이 끝났다. 율법은 이제 더는 필요하지 않은 법이다. 오직 살아 있는 말씀만이 의미가 있다. 이제는 새로운 관례와 새로운 규례를 지켜 나가야 한다. 예수님이 말씀하신 율법의 정신은 '산상수훈'에 드러나 있다.

> 마태복음 5장 21절 옛 사람에게 말한 바 살인하지 말라 누구든지 살인하면 심판을 받게 되리라 하였다는 것을 너희가 들었으나

'너희가 이것을 들었으나 나는 너희들에게 이것을 다시 이야기 한다', 이미 들은 이야기를 다시 하신다는 것이다. 산상수훈에 담겨 있는 율법의 정신으로 돌아가는 것이 곧 율법의 완성이다.

한편, 율법을 지키면 지킬수록 드러나는 것이 있다.

첫째, 죄가 드러난다. 율법이 기준이기 때문이다. 예전에는 이혼해도 죄가 아니라고 생각했다. 부인이 여럿이어도 아무 문제가 없다고 생각했다. 그런데 친밀한 관계는 특별히 한 사람과 해라, 또는 하나님 한 분만 섬기라고 한다. 예전에는 드라빔을 가지고 복 받고 살면서 하나님 앞에 가서 빌기도 했는데 율법이 왔다. 율법에서는 다른 신을 섬기지 말고 하나님만 섬기라고 되어 있다. 그래서 드라빔을 섬기던 죄가 다 드러났다.

둘째, 죄가 폭로된다. 자기 죄뿐만 아니라 다른 사람의 죄가 보여서 그 사람의 죄를 폭로하게 된다.

셋째, 내가 하나님 앞에서 죄인인 것을 깨닫게 된다.

이것이 율법의 기능이다. 그런데 사람들이 왜 율법을 행위로만 지킬까? 율법의 기준은 선인데 자기 삶의 모습은 악이니까 선과 악이 구별되는 순간, 둘 중 하나를 선택해야 하는 문제가 생긴다. 당연히 선으로 가야 하는데 선으로 살지 못한다. 안 되는 것이다. 안 되니까 행위를 드러내며 선으로 사는 척한다. 아니면 '에이 이왕 버린 몸, 나는 계속 악하게 살 거야' 하고 자포자기한다.

우리 신앙의 모습은 어때야 할까? 우리의 신분은 성도다. 성도란 거룩한 사람이란 뜻이다. 그런데 실제로는 '죄짓는 성도'다. 이것이 '나'다. 신앙이 무엇인지 교회가 무엇인지는 사실 모호하다. 분명한 진리가 있고 그 분명한 진리 속에 살고 있지만 현실은 도저히 진리를 쫓아가지 못한다. 바로 그 차이가 모호함이다.

우리가 신앙생활을 하든 다른 무엇을 하든 그 모호함을 인정해야 하는데 그렇지 못하니 둘 중 하나를 선택하게 된다. '에이, 이왕 버린 몸' 하며 악으로 가든지 아니면 선으로 사는 척하는 것이다. 이것이 행위다.

율법으로 죄를 알게 되고, 율법이 죄를 폭로하고, 우리가 죄인임을 깨달으면 손을 들어야 한다. 손 들게 하는 것이 율법의 기능이다. '아, 나는 안 돼'라는 것을 깨닫게 하는 것이 율법인데 사람들은 손은 들지 않고 계속 하는 척하며 살아간다. 이것이 율법의 행위다. 모호한 삶을 인정해야 한다.

> 고린도전서 13장 12절 우리가 지금은 거울로 보는 것 같이 희미하나 그 때에는 얼굴과 얼굴을 대하여 볼 것이요 지금은 내가 부분적으로 아나 그 때에는 주께서 나를 아신 것 같이 내가 온전히 알리라

신앙의 모호함은 그날에 분명해진다. 이 세상의 것은 하늘나라의 것과 비교하면 다 거울이고 그림자다.

거울의 특징이 무엇일까?

첫째, 거울은 실재를 반영한다. 이 세상, 우리가 살고 있는 이곳은 그림자와 같다고 한다. 그림자는 실재는 아니지만 실재를 반영한다. 다시 말해서 천국에 가서도 이 세상에서 자라난 신앙만큼 누리고 활용하고 느낄 수 있다.

둘째, 거울은 가짜다. 거울에 비친 것은 다 가짜고 진짜가 아니다. 진짜는 실재하는 '나'다. 그러니 거울에 비친 나를 진짜라고 생각해서 이 세상에서 승부를 보고 끝내면 안 되는 것이다. 진짜는 하늘에 있다.

셋째, 거울은 거꾸로다. 좌우가 바뀌었다. 하나님의 눈과 사람의 눈이 다르다. 하나님의 생각과 사람의 생각이 다르다. 그래서 먼저 된 자가 나중 되고 나중 된 자가 먼저 될 수 있다. 앞으로 쭉 가다가 천국에 다다른 순간에 하나님이 '뒤로 돌아가' 하면 순서가 뒤바뀐다. 그렇다고 가운데 서지는 말아야 한다.

이 세상에서 살고 있는 나는 분명하지 않다. 거울이고 그림자다. 그런데 사람들은 다 분명하게 보여주려고 한다.

율법의 정신

마태복음 5장 38절 또 눈은 눈으로, 이는 이로 갚으라 하였다는 것을 너
희가 들었으나

예수님이 지적하신 이 말씀은 '동태 복수법'이다. 받은 대로 주
라는 율법에 있는 이 동태 복수법의 정신을 살펴보자.

첫째, 사람에 대한 존중이 있다. 누가 나를 한 대 때리면 솔직히
나는 한 대만 때리고 싶지는 않을 것이다. 사람 마음은 한 대 맞으
면 두 대, 세 대 때리고 싶고 비 오는 날 먼지가 나도록 때리고 싶
을 수도 있다. 하지만 그 사람을 존중해서 딱 내가 맞은 것만큼만
때리라고 한 것이다.

둘째, 이 율법의 정신이 죄의 확산을 막는 역할을 한다. 죄의 확
산을 막지 않으면 한 대 맞은 사람이 두 대 때리고 두 대 맞은 사
람은 다시 세 대 때리게 되면서 죄가 점점 커진다. 그 죄의 고리를
끊을 수 있는 것이 동태 복수법이다.

셋째, 이 율법의 정신에는 공동체 정신이 있다. 개인 간에 일어

난 문제의 기준이 아니라 공동체 전체를 배려하는 기준이다.

넷째, 죄에 대해서는 반드시 대가를 치르게 한다는 정신이 있다. 구약에서는 큰 죄를 지을수록 번제물도 큰 것을 드려야 했다. 엄청나게 큰 죄를 짓고 소 한 마리를 바치면 전 재산을 드리는 것과 같은 손해를 보게 된다. 죄를 지으면 반드시 재산 손실을 경험하게 했다.

다섯째, 동태 복수법에서 가장 중요한 정신인 용서다. 죄의 대가를 치러야 서로 용서하고 용납하는 마음을 가질 수 있다. 그래야 악순환이 선순환으로 바뀌고 상대를 존중하는 관계로 발전할 수 있다.

그런데 율법을 행위로만 해석하는 사람들은 '이에는 이, 눈에는 눈'이라는 동태 복수법을 두고 '반드시'라는 말을 넣어서 한 대 맞았으면 반드시 한 대 때려야 한다고 적용한다. 심지어 맞은 사람이 한 대 때리지 않으면 율법을 어기는 것이라고 말한다. 하지만 진짜 율법의 정신이 말하는 것은, 죄를 응징하려면 최대치로는 한 대만 때리고 최소치로는 안 때려도 된다는 뜻이다.

율법에서는 간음하지 말라고 했는데 예수님은 여자를 보고 음욕을 품는 사람은 다 간음한 죄인이라고 하셨다. 이 말씀에는 위에서 언급한 다섯 가지 율법의 정신이 들어 있다. 단순히 간음했냐 안 했냐를 따지는 것이 아니고 가장 친밀한 관계성에 대해 말씀하신 것이다. 그런데 율법주의자들은 이 말씀도 또 하나의 율법으로 생각해서 여자를 얼마 동안 보는 것이 죄인가를 따진다. 이혼하지 말라는 율법에 대해서도 절대로 이혼해서는 안 된다고 해석한다. 그러나 이 율법은 이혼을 하느냐 안 하느냐가 중요한 것이 아니라 친밀한 관계를 하고 있는지를 묻고 있다. 율법을 주신 의도는 서로를 존중하고 있는지, 죄의 확산을 막고 있는지, 공동체를 위한 것인지, 죄에 대한 대가를 치렀는지, 용서하고 있는지를 묻기 위한 것이다.

어떤 사람들은 마태복음 5장에서 7장까지 말씀하신 산상수훈을 두고 예수님이 우리가 도저히 지킬 수 없는 법을 주셨기 때문에 천국에 가서나 지키며 살아야지 이 세상에서는 지킬 수 없는 말씀이라고 한다. 이것은 율법의 정신을 생각하지 않고 말씀을 문자로만 보면서 오해해서 나온 말이다.

> **마태복음 4장 23절~5장 1절** 예수께서 온 갈릴리에 두루 다니사 그들의 회당에서 가르치시며 천국 복음을 전파하시며 백성 중의 모든 병과 모든 약한 것을 고치시니 그의 소문이 온 수리아에 퍼진지라 사람들이 모든 앓는 자 곧 각종 병에 걸려서 고통 당하는 자, 귀신 들린 자, 간질하는 자, 중풍병자들을 데려오니 그들을 고치시더라 갈릴리와 데가볼리와 예루살렘과 유대와 요단 강 건너편에서 수많은 무리가 따르니라 예수께서 무리를 보시고 산에 올라가 앉으시니 제자들이 나아온지라

> **마태복음 5장 3절** 심령이 가난한 자는 복이 있나니 천국이 그들의 것임이요

이 말씀을 '심령이 가난한 자여야만 천국이 저희 것임이요'라고 해석하는 사람들이 있지만 예수님은 '심령이 가난한 자도 복이 있다'는 의미로 말씀하셨다. 예수님을 따라다녔던 무리들은 원래 아

프고, 원래 가난하고, 원래 하나님 앞에서 저주받은 사람들이었다. 예수님이 그들을 보시고 '너희들은 복 있는 사람이야'라고 말씀하신 것이다. 이 복을 이해해야만 마태복음 5장, 6장, 7장까지 갈 수 있다. 그런데 이해하지 못하면 복을 받으려면 어떤 행위를 해야 한다고 생각한다. 이 말씀을 바르게 이해하려면 은혜로 풀어야 하고, 그 결과로 자연스럽게 사랑의 속성들을 갖게 된다. 가난한 자가 복이 있다고 말씀하시니 가난하려고 노력하는 자들이 있는데, 그렇게 일부러 가난하려고 노력하지 않아도 이미 가난하다. 그렇기 때문에 가난한 사람들이 예수님의 말씀을 듣는 순간 감사할 수밖에 없다.

호세아서를 읽으면서 사람들 대부분은 자기가 호세아라고 생각해서 하나님이 자신에게 고멜 같은 사람하고 결혼하라고 하면 못할 것 같다고 적용한다. 그런데 내가 만약 고멜이라면, 매일 다른 남자와 만나서 놀다가 가출해서 아이를 낳아 집에 돌아와도 남편이 여전히 아내로 대우하고 존중하고 사랑해 준다면, 그것만큼 큰 은혜가 없다. 그래서 내가 고멜이다. 내가 가난한 사람이고 내가 애통해하는 사람이다. 내가 의에 주리고 목마른 자다. 나는 가난해져야만 복을 받을 수 있는 사람이 아니라, 가난해도 복 있는 사람이다.

하나님의 본심

요한복음 1장 16절 우리가 다 그의 충만한 데서 받으니 은혜 위에 은혜
러라

　율법의 행위에서 벗어나려면 율법을 통해 은혜를 보는 것이 아
니라 은혜를 통해 율법을 해석해야 한다. 은혜가 있어야 한다는
의미다. 은혜는 자격 없는 자에게 베푸는 무조건적인 사랑이다.
성경에서 자격이 없는데도 사랑받은 대표적인 사람이 므비보셋_요
_{나단의 아들}이었다. 므비보셋이라는 이름은 '부끄러움의 추방자'라는
뜻이다. 그는 다윗을 죽이려고 했던 사울의 손자여서 다윗의 성안
에서 살 수 없는 사람이었다. 그런데 다윗 왕의 식탁에서 함께 밥
을 먹고 친아들처럼 대우받았다. 그가 한 것은 아무것도 없었다.
오직 그의 아버지가 요나단이라는 이유 하나만으로 은혜를 입은
것이다. 다시 말해 자신의 근본이 하나님의 씨였기에 그런 대우를
받았다. 사랑을 베푸는 것이 은혜이고, 은혜를 주시려는 것이 하
나님의 본심이다.

예레미야애가 3장 33절 주께서 인생으로 고생하게 하시며 근심하게 하
심은 본심이 아니시로다

하나님의 본심은 사랑이고 은혜다. 하나님의 본심은 율법을 통
해 죄와 죄인을 폭로하는 것이 아니다. 은혜를 통해 사랑과 사랑
의 관계, 사랑의 섬김을 바라신다. 그 본심을 보여주신 것이 예수
님이 십자가에서 돌아가신 사건이다.
　십자가 사건에는 세 가지 의미가 있다.
　첫째, '죽음을 삼킨' 생명이다.

고린도후서 5장 4절 죽을 것이 생명에 삼킨 바 되게 하려 함이라
이사야 11장 9절 물이 바다를 덮음 같이

이 말씀은 사망과 생명이 서로 싸워서 사망이 이기고 생명이 죽
게 되었다는 것이 아니라, 생명이 사망조차도 보자기에 담듯 품어
버렸다, 또는 포함했다는 의미다. 선과 악이 싸우면서 악 때문에
선이 완전히 없어지는 것이 아니라, 선이 악을 다 덮을 수 있을 만
큼 강하고 넓다는 말이다. 그것이 십자가다. 십자가 자체는 사망
의 상징이지만 내 허물과 내 죄와 주름 잡힌 모든 것이 하나님의
생명을 통해 다 품어지고 덮이는 것이 십자가 사랑이다.
　이사야 11장에는 재미있는 내용이 나온다. 어린 양이 이리와 함
께 살고 어린 염소가 표범과 함께 누우며, 송아지가 어린 사자와
함께 있고 어린아이가 독사의 굴에 손을 넣는다는 말씀이다. 어린
것과 맹수가 같이 노는 것이다. 이것이 바로 생명이 사망을 삼키

는 모습이다. 어린아이는 부드럽고 표범이나 이리는 강하고 거친데, 부드러움이 강하고 거친 것을 품고 있다. 십자가 사역의 의미도 이처럼 죽음을 삼킨 생명이다. 생명이 죽음을 삼켜 버렸다. 우리는 나의 죄, 그 죄 때문에 느끼는 죄책감, 또는 허물 많은 자신의 모습을 보면서 '내가 어떻게 하나님의 은혜를 받을 수 있을까?'라고 생각하지만 하나님은 그것까지도 다 품어 주신다. 십자가로다 덮어 버리셨다는 신호signal다. 부딪치는 돌과 거치는 반석까지다 덮어 버린 것이다.

히브리서 10장 17절 또 그들의 죄와 그들의 불법을 내가 다시 기억하지 아니하리라 하셨으니

둘째, 다시는 기억하지 않겠다는 언약이다. 십자가를 통해서 이미 완전하게 그리고 단번에 끝이 났기 때문에 더는 하나님에게 제사할 필요가 없다. 다시는 죄를 기억하지 않으신다. 이 죄는 과거의 죄뿐만 아니라 현재의 죄와 미래의 죄까지도 포함한다. 하나님은 이미 우리의 과거, 현재, 미래의 죄를 모두 십자가 사역을 통해 다시는 기억하지 않기로 하셨다. 따라서 예배는 제사가 아니다. 죄를 씻기 위해 피를 바치고 은혜가 필요해서 예배를 드린다면 그것은 진정한 예배가 아니다. 예배를 또 하나의 행위인 제사로 생각한다면 예배에 참석하지 않을 때마다 '일주일 동안 지었던 죄를 짊어지고 살아야겠구나'라고 생각해야 한다. 이것은 구약 시대에나 하는 생각이다.

셋째, 십자가 사건의 의미는 '함께'다. 내가 하나님과 함께 있는,

임마누엘의 신앙이다. 십자가는 죽음과 부활을 의미한다. 예수 그리스도는 혼자 죽으신 것이 아니고 모든 사람이 예수 그리스도와 함께 죽고 함께 부활했다.

그렇다면 우리의 본질은 하나님의 자녀인데 자녀 된 것을 어떻게 알 수 있을까? 십자가 사건으로 이천 년 전에 예수님이 죽으실 때 모든 사람이 같이 죽었다. 예를 들어 우리 고조할아버지가 주님이 십자가에서 돌아가셨을 때 열 살이었고 그때 주님과 함께 돌아가셨다면 고조할아버지가 낳은 증조할아버지, 할아버지, 아버지, 나까지 고조할아버지의 모든 후손이 다 죽은 것이나 다름없다. 이천 년 전 그 사건을 통해 나도 예수님과 함께 죽고 함께 부활한 것이다.

그런데 사람들은 이미 죽고 끝난 사건인데도 계속 자기가 또 죽어야 한다고 생각한다. 우리가 해야 할 것은 죽는 것이 아니라 다시 기억하는 것이다. '또 하나의 죽음'이 있어야 하는 것이 아니라 다시 깨닫고 또 깨닫는 것이 '또 하나의 죽음'이다. 십자가 사건으로 이미 죽음은 끝이 났다.

> 갈라디아서 2장 20절　내가 그리스도와 함께 십자가에 못 박혔나니 그런
> 즉 이제는 내가 사는 것이 아니요 오직 내 안에 그리스도께서 사시는 것
> 이라 이제 내가 육체 가운데 사는 것은 나를 사랑하사 나를 위하여 자기
> 자신을 버리신 하나님의 아들을 믿는 믿음 안에서 사는 것이라

'내가 그리스도와 함께 십자가에 못 박혔나니', 과거형이다. 이미 못 박혔다. 예수님이 십자가에 못 박혔던 당시에는 내가 없었

지만 내 씨가 거기에 있었다. 그래서 죽었다. 그리고 부활했다. 십자가는 생명이고 죄를 기억하지 않으신다는 증거다. 그리고 부활하신 예수님은 여전히 나와 함께하신다. 사도신경 원문에 보면 'He descended into hell'이라는 내용이 있는데, 지옥에 내려가셨다는 이 부분은 한국어로 번역하지 않았다. 만약 예수님이 지옥에 계신다면 그곳이 바로 천국일 것이다. 그리고 예수님이 천국에 안 계신다면 아마도 그곳이 지옥일 것이다. '함께'를 살아 있을 때만 '함께'라고 생각하는데 'He descended into hell'까지 즉 지옥까지, 죽음의 자리까지, 음부에까지 내려가셨기 때문에 어쩌면 우리에게는 지옥이 없다. 지옥 같은 자리에서도 하나님이 함께하신다면 천국이라고 고백할 수 있다. 이것이 십자가다. 율법으로는 되지 않고 오직 은혜로만 된다.

로마서 7장에 한 여자가 나온다. 여자에겐 남편이 있는데 그는 율법의 남편이다. 율법의 남편이 613가지 규칙을 정해 놓고 지키라고 한다. 아침 5시에 일어나서 물을 떠다 주고, 5시 30분에 밥을 해서 6시까지는 먹을 수 있게 해 주고, 24시간을 어떻게 보내야 하는지를 정해 놓았다. 여자는 율법의 남편과 같이 사는 것이 죽을 맛이다. 여자가 어느 날 공원을 거닐다가 한 남자를 만났다. 율법의 남편과는 다른 아주 부드러운 남자다. 함께 이야기를 나누는데 자기를 누구보다도 잘 이해해 주고 공감해 주는 사람이었다. 여자는 집에 돌아갈 시간이 되어 할 수 없이 돌아갔지만 자꾸만 공원의 남자가 생각난다. 여자는 '남편을 두고 다른 남자를 생각하고 만나고 싶어 하는 건 안 될 일이야. 정신 차려야 해'라고 마음을 다져 보지만 부드럽고 아량 있는 남자를 잊을 수가 없다. 여자는 결국 두 남편 사이에서 괴로워한다.

사도바울은 이 상황을 두고 여자가 간음하고 있다고 표현한다. 한 여자에 두 남자, 분명 간음이다. 사도바울은 남편이 죽으면 공원의 남자와 만나서 살 수 있지만 남편이 살아 있는 한 다른 남자를 만나는 것은 간음이라고 말한다. 그런데 여자가 주님과 함께 죽고 주님과 함께 부활했다. 더는 남편이 남편이 아니다. 그래야만 공원의 남자와 새로운 부부 관계를 맺을 수 있다. 율법이 죽기 위해서는, 율법을 떠나기 위해서는, 내가 죽어야 한다. 남편이 죽든 내가 죽든 둘 중 하나가 죽어야 하는데, 성경에서는 '이미 너희가 죽었다'라고 말씀한다. 이미 은혜의 남편이 있다는 말이다. 은혜의 남편이 진짜 남편인데 자꾸 구습의 남편과 살면서 가끔 공원의 남자를 만나는 영적인 간음을 하지 말라고 말씀한다.

마찬가지로 한 발은 세상에, 한 발은 교회에 두고 왔다 갔다 하는 사람이 있다. 세상에서 아무렇게나 살다가 은혜가 그리워서 교회에 온다. 은혜에 빠져 살다가 그것도 아닌 것 같아서 또다시 세상의 논리로 살아간다. 이런 사람이 제일 힘든 삶을 사는 사람이다.

성령의 거듭남은 은혜로 된다. 불과 빛으로 오신 성령을 통해 내 거짓된 것이 깨지고 부서지고 파괴되고 파멸되어서 하나님의 거룩함이 내 안에서 살아난다. 바람과 같은 성령이 내게 오시면 내 안에서 신비롭고 어떤 것도 거치지 않는 진정한 자유가 이뤄진다. 비둘기 같은 성령이 내게 오시면 온유하고 겸손한 성품이 시작된다. 단비와 같은 성령이 내게 오시면 찢어지고 갈라졌던 마음 밭이 좋은 땅으로 변하고 항상 내 안에 풍성한 은혜가 있다.

내 의지로 '거룩하게 살아야겠다, 자유롭게 살아야겠다, 온유와 겸손으로 살아야겠다' 한다고 그렇게 살아지는 것이 아니라 성령이 내게 오시면 이 모든 것이 가능해진다. 받을 자격이 없는 사람에게 받을 수 있게 해 주시는 것이 은혜다. 그런데 사람들은 은혜가 아니라 계속 자기 행위로, 율법으로 거룩해지려고 한다. 그러다 보니 되지도 않게 거룩한 척, 자유로운 척, 온유하고 겸손한 척, 풍성한 척을 하며 살아간다.

교회에 오래 다닌 사람일수록 차력사가 되기 쉽다. 누워 있는 자신 위에 사람이 올라탄다. 한 사람, 두 사람, 세 사람, 네 사람, 다섯 사람…, 계속 많아지면 어느 순간 벌떡 일어나서 죽겠다고, 그렇게 누르면 어떻게 하느냐고 말한다. 10년, 20년 정도 되면 다섯 명도 견딜 만한 힘이 생긴다. 그러다가 여섯 명이 되면 또 죽겠다고 벌떡 일어난다. 진짜 죽으면 백 명이 올라타도 천 명이 올라타도 전혀 반응하지 않는다.

> 갈라디아서 6장 14절 그러나 내게는 우리 주 예수 그리스도의 십자가 외에 결코 자랑할 것이 없으니 그리스도로 말미암아 세상이 나를 대하여 십자가에 못 박히고 내가 또한 세상을 대하여 그러하니라

진짜 죽었다면 내가 세상을 향해 '나 죽었다'라고 말한다. 세상도 나를 향해 '어, 너 죽었네?'라고 말한다. 하지만 세상을 향해 '나 죽었어!'라고 말해도 세상 사람들이 '야, 너 아직 안 죽었어!'라고 말할 수도 있다. 둘 다 죽었다고 말해야 진짜 죽은 것이다. 죽은 사람은 반응하지 않는다. '죄'에 대해 반응하지 않는다.

오신 은혜

요한복음 1장 17절 율법은 모세로 말미암아 주어진 것이요 은혜와 진리
는 예수 그리스도로 말미암아 온 것이라

율법은 모세를 통해 주셨고, 은혜와 진리는 예수 그리스도로 오
셨다. 모세의 마지막은 죄를 드러내는 사망 권세를 말하는 것이
고, 예수 그리스도는 생명을 말한다. 주신 율법은 '정죄함'에 이르
고, 오신 은혜는 '사랑'에 이른다. '주셨다'라는 표현은 객관적이어
서 그 문제에 뛰어들지 않고 거리를 두며 이야기한다. 그런데 예
수님은 그 문제 속으로 들어오셨다. 예를 들면 어떤 문제에 대해
두 사람이 이야기하는데 '네가 문제야'라고 하거나 '내가 잘못했
네'라고 하면서 정죄하게 되는 기준을 '주셨다'라는 의미다. 그런
데 두 사람이 싸우고 있는데 그중 한 사람이 자기 아들이어서 '죄
송합니다. 제가 아이를 잘못 키워서 그렇습니다'라고 말한다면 그
것이 '오신 것'이다.

하나님이 위에서 내려다보기만 하면서 '그래 너 잘했다', '아니

야, 네가 잘못했다'라고 정죄하지 않고, 직접 내려와 안고 계신다. '제 아들입니다. 제가 잘못했습니다. 제 탓입니다'라고 말해주시는 것이 바로 은혜다. 율법의 영성으로 보면 예수님도 죄가 있고 죄인이 된다. 늘 율법의 영성으로 보기 때문에 의인도 죄인으로 만들 수 있다는 말이다. 그런데 은혜의 영성으로 보면 죄인도 하나님 앞에서는 의인이 될 수 있다. 범죄자나 심지어 살인자도 하나님 앞에서 의롭다 칭함을 받을 수 있다는 말이다.

주님은 세리와 죄인들과 함께 밥을 드셨다. 바리새인들은 객관적으로 판단하고 정죄했다. 주님이 세리와 죄인들과 함께 밥을 드신 이유는 그곳에 마태가 있었기 때문이다. 은혜의 영성은 죄인들과 함께 밥을 먹는, 결코 우아하고 기쁜 자리가 아니다. 어쩌면 구질구질하고 귀찮고 의미 없는 시간으로 느껴지기도 한다.

교회 공동체 생활을 처음 시작한 사람들이 가끔 '이 교회 구질구질해서 못 다니겠다' 또는 '내가 이런 사람들하고 여기서 이런 관계를 하며 살아야 하나?'라는 말을 한다. 그런데 주님이 나를 위해 그렇게 구질구질한 곳에 오셨다. 그것이 은혜이고 사랑이다.

율법	겉사람	외식(행위)가 중요	형제의 마음 (비교, 경쟁)	조직 관계
은혜	속사람	자원함을 기다림	부모의 마음 (그냥 안아 줌)	생명 관계

〈표 5〉 율법과 영성의 차이

율법의 영성은 겉사람에 관심이 있다. 반대로 은혜의 영성은 속사람에 관심이 있다. 은혜의 영성은 속사람의 '자원함'을 기다리지만 율법의 영성은 겉으로 나타나는 행위가 중요하다. 그래서 외식을 한다. 율법의 영성은 형제의 마음을 가지고 있는데 은혜의 영성은 부모의 마음을 가지고 있다. 형제의 마음은 늘 비교하고 경쟁하는데 부모의 마음은 그냥 안아준다. 자녀가 셋이든 넷이든 부족한 자녀에게 더 마음이 간다. 객관적으로 보면 잘난 자녀가 더 나아 보이는데도 부모가 보기에는 다르다. 율법의 영성은 '조직 관계'를 한다면 은혜의 영성은 '생명 관계'를 한다. 주님이 오늘 나에게 무언가를 준 것이 아니라 직접 오셨다. 이 구질구질한 삶 가운데로 나 때문에 오셨다. 나를 안고서 '내가 너의 모든 죄를 짊어지고 갈게'라고 말씀하신다.

우리가 마지막 심판대에 섰을 때 거기에는 하나님과 예수님과 사단이 있다. 사단이 나의 죄에 대해 하나님에게 고소하는 검사 역할을 한다. 우리 죄를 명백하게 판단 받아 사망 선고를 받게 한다. 그러나 그 죄에 대해 더는 변호할 수 없다고 생각되었을 때 옆에 계신 예수님이 '그 모든 죄를 내가 지겠습니다'라고 말씀하신다. 하나님은 결국 우리를 의롭다 칭하시고 사망 권세에서 벗어나게 판결을 내리실 것이다. 이것이 바로 '오신 은혜'다. 이것이 복음의 능력이다. 주신 것이 아니고 오신 것이다. 복음의 능력은 오늘 나에게 영원한 생명을 주셨다. 복음의 능력으로 내가 용서받았고 하나님과 영원히 하나 됨을 이루게 되었다.

4부 복음의 능력

5부
구원과 부르심

마태복음 4장 18~22절 갈릴리 해변에 다니시다가 두 형제 곧 베드로라 하는 시몬과 그의 형제 안드레가 바다에 그물 던지는 것을 보시니 그들은 어부라 말씀하시되 나를 따라오라 내가 너희를 사람을 낚는 어부가 되게 하리라 하시니 그들이 곧 그물을 버려 두고 예수를 따르니라 거기서 더 가시다가 다른 두 형제 곧 세베대의 아들 야고보와 그의 형제 요한이 그의 아버지 세베대와 함께 배에서 그물 깁는 것을 보시고 부르시니 그들이 곧 배와 아버지를 버려 두고 예수를 따르니라

하나님의 청사진

　요즘 한국교회를 보면 개인의 신앙도 교회의 신앙도 힘이 없다. 몸집은 굉장히 커졌는데 몸집에 비례한 힘을 내지 못하고 있다. 그 이유는 구원관도 교회관도 무너져 있기 때문이다.

　마태복음 4장 18절에서 22절의 말씀을 보면 주님이 제자들을 먼저 보고 그 후에 부르셨다. 제자들은 주님의 부르심에 배와 부친을 버려두고 주님을 따라갔다. 이렇게 '구원과 부르심'에서 가장 중요한 키워드는 '보는 것'이다. 서로 눈을 맞춰야 부를 수 있다. 주님이 나를 보신다. 그리고 내가 다른 곳을 보고 있다가 주님을 보는 눈으로 바뀌어야 따라갈 수 있다. 예수 그리스도가 나를 먼저 보시고, 내가 그 예수 그리스도의 눈을 통해 나를 다시 보게 된다.

　성경에는 '보는 것'에 관련된 중요한 단어들이 많다. 베드로와 요한이 초대교회를 시작하면서 성전 미문에 있는 앉은뱅이를 일으키는 사건이 있었다. 이 말씀을 살펴보면 앉은뱅이는 구약 시대 공동체인 교회를 상징한다. 앉은뱅이는 하나님이 앞에 계시는데도 하나님 앞에 즉, 성전 안으로 들어가지 못한다. 그는 성전 앞에서 다른 것을 보고 있다. 누가 자신에게 돈을 줄 사람인지를 보는 것이다. 그런데 베드로와 요한이 예수 그리스도의 눈으로 그를 집중해서 보고는 진리를 보지 못하고 눈이 흐릿했던 그를 일으킨다. 신앙은 어디를 보고 있고 어떤 사람과 눈을 맞추고 있는지가 중요하다.

한 영혼을 구원하고 부르는 이 과정에서 우리는 하나님의 청사진하나님의 계획을 먼저 이해해야 한다. 하나님은 말씀으로 이 세상을 창조하셨다. 그런데 창조되어 보시기에 좋았던 인간이 사단에게 속아 타락했다. 타락은 육신의 타락을 의미한다. 육신이 타락한 사람을 예수 그리스도가 찾아와 구속하셨다. 그런데 구속도 타락과 마찬가지로 육신을 구속하는 것이다. 그러나 예수 그리스도의 구속은 사람을 온전히 회복시켜 주신다. 회복이란 영과 육의 온전한 회복, 부활을 의미한다. '창조-타락-구속-회복'이 시간적이고 공간적인 하나님 나라의 움직임이다.

창조	타락	구속	회복
말씀으로	육신	육신	영과 육이 온전히 회복되는 부활

〈표 6〉 하나님의 청사진

공동체와 개인의 성장

　개인은 공동체 안에서 사라나고 성상하며 하나님 나라를 이루어
간다.

　처음 이스라엘 공동체는 회막_{광야} 공동체였다. 그들은 한 장소에
정착하지 않고 움직였다. 한 민족이 움직이며 회막을 중심에 두고
교제했다. 제사를 드렸고 교육을 했으며, 무엇보다 중요한 것은
교제였다. 하나님과 교제했을 뿐만 아니라 동시에 백성과 백성이
교제했다.

　그다음은 성전 공동체였다. 더는 성전이 움직이지 않았다. 성
전이라는 공간을 차지하고서 그곳에 가면 하나님의 영광과 임재를
경험할 수 있게 했다. 하나님의 공간이 따로 마련된 것이다. 정기
적으로 모이기 시작하면서 전례_{典禮}가 되었다. 전례는 절기를 지키
게 되면서 신앙의 계대를 이어가는 토대가 되었다.

　그 후 성전이 파괴되어 선지자를 중심으로 선지자 공동체가 만
들어졌다. 선지자 공동체는 제사보다 말씀을 중심으로 백성들을
훈련했다. 선지자들은 이스라엘의 멸망과 포로 생활을 예언했는

데, 성전이 다시 세워지자 선지자의 모든 예언도 그쳤다.

포로 시대에는 회당 공동체가 세워졌다. 말씀을 연구하고 배우는 공간이 회당이 되었다. 그 후 긴 암흑의 시대가 끝나고 예수 그리스도를 통해 제자 공동체가 세워졌다. 제자들에게 '가서 제자 삼으라'고 하신 말씀처럼 생명을 나누는 삶에 대한 말씀 공동체가 되었다. 예수님은 3년 동안 제자들을 양육하셨다. 십자가 사건 후 부활하신 예수님은 사도 공동체 즉, 교회공동체를 만드셨다. 사도 공동체는 부활을 증언하는 공동체다.

이처럼 하나님은 '하나님 나라'라는 큰 계획 안에서 시대마다 성격이 다른 공동체를 통해 당신의 목적을 이루어 나가셨다.

이처럼 시대에 따라 공동체 유형이 달라지듯 개인의 신앙도 단계별로 성숙해가야 한다.

첫 번째 단계는 '칭의'다. 어린 양의 피로 말미암아 생명이 죽음을 넘어간 날Passover이 유월절이다. 그것을 신학적으로 '칭의'라고 표현한다.

두 번째 단계는 '물세례'를 받는 성령세례다. 홍해를 건너는 것을 성령세례라고 한다.

> 고린도전서 10장 2절 모세에게 속하여 다 구름과 바다에서 세례를 받고

사도바울은 이스라엘 민족이 홍해를 건넌 사건을 온 민족이 세례를 받았다고 표현했다. 물을 통과하는 것, 물세례를 받는 것은 죽음을 의미하고, 물속에서 나오는 것은 새로운 생명으로 탄생했다는 것을 의미한다.

세 번째 단계는 '요단강, 성령 충만'이다. 성령 충만이란 성령의 인도하심을 받는 단계를 말한다. 사도행전을 보면 성령이 육체에 부어진다.

사도행전 2장 17절 하나님이 말씀하시기를 말세에 내가 내 영을 모든 육체에 부어 주리니 너희의 자녀들은 예언할 것이요 너희의 젊은이들은 환상을 보고 너희의 늙은이들은 꿈을 꾸리라

성령 세례와 성령 충만은 조금 다르다 성령 세례는 한 번으로 '내가 그렇게 하겠습니다'라고 방향을 돌이키는 것이다. 그런데 성령충만은 '내 손과 발이 그렇게 하겠습니다' 하고 앞으로 나아가는 것이다. 홍해가 신앙의 시작이라고 한다면. 요단강은 신앙을 이루어가는 과정을 통해 하나님의 주인 되심주재권을 알고 고백하는 과정이다.

네 번째 단계는 '가나안 땅'에서 성령의 열매를 맺는 것이다. 홍해에서부터 요단강까지는 광야 시대에 속하는데, 회개와 회심으로 가는 광야의 길은 자아가 깨지는 훈련학교다. 고난을 통해 내 자아가 계속 무너진다.

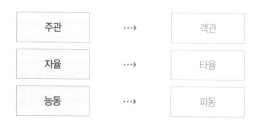

〈표 7〉 자아의 깨어짐

자아가 깨어져 내 주관이 객관으로 변한다. 나 스스로 규율을 세우고 그것에 따라 바르게 절제하던 자율에서 나는 할 수 없다고 하는 타율로 변한다. 스스로 일어나 할 수 있는 능동에서 남의 힘에 따라 움직이는 피동으로 변한다. 이것이 자아가 깨지는 훈련의 과정이다.

요단강과 가나안 땅 사이에서는 '할례'의 단계를 거친다. 이스라엘 백성들이 할례를 했던 곳 이름이 '길갈'이다. 길갈에서 노예의 수치가 떠나갔다는 것은 그들이 더는 노예가 아니라는 뜻이다. 노예의 근성과 습관을 버려야 한다. 자유인으로서 책임과 사명을 가지고 살아야 한다.

> 여호수아 5장 9~10절 여호와께서 여호수아에게 이르시되 내가 오늘 애굽의 수치를 너희에게서 떠나가게 하였다 하셨으므로 그 곳 이름을 오늘까지 길갈이라 하느니라 또 이스라엘 자손들이 길갈에 진 쳤고 그 달 십사일 저녁에는 여리고 평지에서 유월절을 지켰으며

애굽의 수치는 노예 근성, 죄의 근성을 말한다. 요단강을 건넌 사람은 더는 애굽을 돌아보지 않는다. 요단강을 건너는 순간 이미 그 노예 근성을 버렸다. 그것이 길갈의 신앙이다. 광야에서 밟은 땅은 모두 고생의 땅, 유리하는 땅이었다. 그런데 가나안 땅은 밟으면 밟을수록 다 내 땅이다. 약속의 땅이기 때문이다. 성령 충만으로 하나님이 주시려는 것이 다 나에게 상급이 된다.

다섯 번째 단계인 '다윗의 시대'는 하나님 나라의 성취를 이루는 것이다. 다윗은 하나님 나라 통치의 시작을 의미한다. 가나안을

지나가기 전에 두 가지 사건이 있었다. 하나는 '사사기'이고, 다른 하나는 '사울 왕'이다.

사사기 21장 25절 그 때에 이스라엘에 왕이 없으므로 사람이 각기 자기의 소견에 옳은 대로 행하였더라

사사기는 기준이 없던 때다. 가나안 땅에서도 성령의 열매를 맺기 원했으나 구체적인 목표와 가야 할 지점이 모호했던 때가 사사기다. 사울 왕은 하나님 나라의 통치 기준에 복종하지 않았다. 진에드워드 비스 주니어의 『세 왕 이야기』라는 책에 보면 하나님이 사울에게 권위를 주셨는데 그는 그 권위를 제대로 유지하지 못했다. 권위를 자기 힘으로 유지하려고 사람의 눈치를 보면서 하나님을 보지 않았다. 다윗은 하나님 앞에서 불의한 권위자를 통과하는 것을 통해 권위자가 되었다. 하지만 다윗의 아들 압살롬은 거역을 통해 권위를 차지했다. 그것은 하나님이 원하시는 방법이 아니었다.

원래 권위는 자신보다 위에 있는 권위자를 통해 받아야 한다. 사울은 사무엘 선지자를 통해 권위를 인정받았고, 다윗은 사울이라는 불의한 권위자를 통과함으로써 권위를 얻었다. 그렇게 얻은 권위를 유지하기 위해서는 자신을 거역하는 불의한 거역자를 통과해야 한다. 이 과정을 통해 하나님이 주신 진정한 섬김의 권위가 주어진다. 하나님 나라는 '사사기와 사울'의 시기를 통과해야만 비로소 시작된다.

여섯 번째 단계는 '솔로몬 시대'의 평화다. 이때에 이르러 전쟁

이 그치고 진정한 평화를 이룬다. 사람을 죽이는 전쟁이 그치자 하나님의 성전을 건축한다. 하나님 나라 안에서 하나님의 공동체와 하나님의 백성들개인이 유기적으로 함께 움직인다. 솔로몬의 지혜는 '서로 듣는 관계'를 만들어 가는 것이다. 따라서 평화의 시대는 서로 사랑하고 격려하고 함께 성장하는 단계에 이루어진다.

신앙인들은 자신의 신앙이 어느 단계에 있는지 몹시 궁금해한다. 오로지 그것에만 관심을 가지는 사람도 있다. 하지만 하나님의 관심은 공동체를 어떻게 세워나갈 것인가에 있다. 공동체마다 나름의 성격이 있고, 더 큰 하나님의 청사진이 있다. 우리는 하나님의 청사진을 보면서 자신의 상황을 보고 자신을 구원하시는 하나님을 봐야 한다. 예를 들어 하나님 나라에서 내가 동쪽 문을 지키는 문지기 역할을 해야 할 사람인데 서쪽 문에 가서 높은 자리에 앉아 있다면, 하나님 나라와는 상관없는 엉뚱한 일을 하는 것일 수도 있다. 하나님 앞에서 하나님 나라와 공동체를 통해 '나'라는 개인을 봐야 하고, 개인과 공동체와 하나님 나라가 상호 의존하며 유기적으로 관계하는 것을 봐야 한다.

하나님의 공동체인 교회도 저마다 성격이 다르다. 교제 공동체, 예배 공동체, 훈련 공동체, 말씀 연구 공동체, 전도 공동체, 증언 공동체 등이다. 그 공동체 안에서 내가 할 일이 무엇이고, 하나님의 창조와 타락과 구속과 회복의 역사 속에서 내가 역사 종말론적 신앙을 가지고 어떻게 참여할 것인지를 봐야 한다. 그렇지 않으면 신앙의 영웅주의에 빠지든지, 나는 동쪽 문에서 마당이나 쓰는 사람밖에 안 되는 사람이구나, 생각하며 자괴감에 빠져 살 수밖에 없다. 집에서 밥하고 청소를 하더라도 그것을 내 신앙을 위해, 공동체를 위해, 하나님 나라를 위해 믿음으로 하고 있다면 하나님 나라를 세워 나가는 심령으로 쓰임 받는 것이다.

반드시 큰 교회를 해야 하고, 내 아이가 성공해야 하고, 유명해져야 하고, 힘을 가져야 한다는 생각으로 신앙생활을 하는 것은 개인만 보는 것이다. 하나님의 공동체와 하나님 나라가 보이지 않는다면, 말로는 하나님을 믿는다고 하면서 사실은 이단의 신을 믿는 것과 다를 게 없다.

구원의 차원

제자가 되는 과정은 네 가지 동사로 표현할 수 있다.

첫째는 '보다'이다. 예수님이 먼저 제자를 보셨다. 그런데 일반적으로 스승과 제자의 관계가 시작되는 형태와 주님과 제자들의 관계가 시작되는 형태는 달랐다.

무협지에 흔하게 나오는 이야기는 이렇다. 어느 날 갑자기 부모가 원수에게 죽임을 당한다. 그래서 주인공은 부모의 원수를 갚기 위해 스승을 찾아가 무술을 배우겠다고 한다. 하지만 스승이 계속 거절한다. 그래도 원수를 갚아야 한다는 투철한 의지로 그곳에 계속 머물렀더니 스승이 밥하고 청소하는 일을 시킨다. 그러다가 때가 되어 무술을 배우게 되고, 열심히 연마한 뒤 마침내 하산한다. 이것이 무협지에서 흔히 볼 수 있는 스승과 제자의 관계가 이루어지는 기본적인 방식이다.

도제徒弟, 서양의 중세에 일정한 분야의 전문적 기능을 가진 스승 밑에서 그 분야 지식과 기술을 전수받기 위해 견습 생활을 하던 어린 직공들 대부분도 제자가 스승을 찾아간다. 그런데 예수님은 반대로 스승이 먼저 제자를 찾아가신다.

누가복음 15장에는 목자가 양 한 마리를 찾는 이야기와 한 여인이 한 드라크마를 찾는 이야기, 그리고 아버지가 집 나간 아들을 찾는 이야기가 나온다. 이 세 가지 비유의 핵심 주제는 생명은 생명의 근원과 연결되는 관계성이 있다는 것이다.

양 한 마리를 잃어버린 목자는 아흔아홉 마리를 들에 두고 그 한 마리 양을 찾아 나선다. 백 명의 교인 중 한 명이 말썽을 부리면 그냥 버려두는 것이 조직의 논리로는 맞는다. 아흔아홉 마리가 더 중요하기 때문이다. 그런데 이 목자는 아흔아홉 마리를 들에 두고 잃어버린 한 마리 양을 찾아 다닌다. 산술적으로 생각하라는 말씀이 아니다. 한 마리 잃어버린 양을 안타까워하는 목자의 마음을 생각해야 한다.

한 여인이 한 드라크마를 잃어버렸다. 한 드라크마는 하루 일당 정도 되는 액수다. 여인은 온 집안을 뒤집어서 결국 한 드라크마를 찾았다. 그러고는 찾은 돈보다 더 큰 비용을 들여 동네잔치를 연다. 십만 원 잃어버린 사람이 그 돈을 찾았다고 백만 원어치 잔치를 베푼 셈이다. 그만큼 한 드라크마를 찾은 여인의 마음이 기쁘다는 이야기다.

집 나간 아들을 기다리는 아버지의 비유에서는 사실 탕자가 주인공이 아니라 아버지가 주인공이다. 아버지가 집 나간 아들이 돌아오자마자 급하게 잔치를 베푼 것은, 가산을 탕진하고 돌아온 작은아들을 향해 동네 사람 누구도 비난하거나 수군거리지 못하게 하려는 모략이었다. 누구네 집 작은아들이 이랬다더라, 하고 소문이 나면 작은아들은 집안사람들과 동네 사람들에게 계속 손가락질을 받을 수밖에 없다는 것을 미리 생각한 것이다. 아마 잔치에 참여한 사람들은 모두 작은아들이 암행어사라도 된 줄 알았을 것이다.

예수님 역시 직접 제자를 찾아가서 떼려야 뗄 수 없는 생명 관계라는 것을 분명하게 보여주셨다.

> 요한복음 1장 48절 나다나엘이 이르되 어떻게 나를 아시나이까 예수께서 대답하여 이르시되 빌립이 너를 부르기 전에 네가 무화과나무 아래에 있을 때에 보았노라

나무 밑에 있는 나다나엘을 봤다고 주님이 말씀하신다. 그 말씀을 듣고 나다나엘은 '당신이야말로 진짜 메시야입니다'라고 말한다. 주님은 제자를 사랑의 눈으로 보신다.

둘째는 '부르신다'이다. 예수님은 제자를 부르셨다.

'그물 깁는 것을 보시고 부르시니마태복음 4장 21절', 주님이 먼저 제자들에게 '나를 따라 오너라' 하고 하나님 나라를 위해 부르신다. 하나님의 공동체와 하나님의 백성들을 위해 '사람을 낚는 어부가 되게 하리라' 하고 부르신다. 제자들을 부르신 이유는 '생명' 때문이다.

셋째는 '버려두다'이다. 제자는 배와 부친을 버려두었다.

'버려두고마태복음 4장 22절'라는 말은 자아가 깨졌다는 의미다. 이 단어는 제자들의 권리 포기를 뜻한다. 주님이 사랑의 눈으로, 사랑의 음성으로 부르시니 자아가 깨져 생명을 선택하게 되었다.

넷째는 '따르다'이다. 제자가 주님을 따랐다.

이 말씀은 하나님과 진정한 생명의 연합을 이룬다는 뜻이다. 먼저 주님이 나를 보고 부르신다. 그러면 나는 그 부르심에 믿음으로 반응해야 한다. 버려야 할 것을 버려두고 주님을 따르는 사람이 제자다. 하나님은 제자들을 보고 부르는 과정에서 우리를 구원의 관점으로 보고 계신다.

이때 구원의 의미를 소극적인 측면과 적극적인 측면, 두 가지로 생각해 볼 수 있다.

> 로마서 6장 23절 죄의 삯은 사망이요 하나님의 은사는 그리스도 예수 우리 주 안에 있는 영생이니라

> 로마서 3장 23절 모든 사람이 죄를 범하였으매 하나님의 영광에 이르지 못하더니

사망에서 칭의의롭다고 하심로 가는 것이 소극적 구원이다. 소극적 구원의 단계에 머물러 있으면 '응보적 정의벌을 줌'를 이야기하게 된다. 대출을 받으려고 은행에 가면 은행에서는 가장 먼저 담보가 있는지를 물어본다. 담보가 바로 응보적 정의의 상징이다. 약속을 지키지 못했을 때를 대비해서 담보를 잡아 두는 것이다.

사망에서 칭의로 가는 것은 하나님이 주시는 은혜에 달려 있다. 그런데 이미 은혜를 주셨으므로 그것은 '이미' 이루어진 구원이다.

> 로마서 8장 28~30절 우리가 알거니와 하나님을 사랑하는 자 곧 그의

뜻대로 부르심을 입은 자들에게는 모든 것이 합력하여 선을 이루느니라 하나님이 미리 아신 자들을 또한 그 아들의 형상을 본받게 하기 위하여 미리 정하셨으니 이는 그로 많은 형제 중에서 맏아들이 되게 하려 하심 이니라 또 미리 정하신 그들을 또한 부르시고 부르신 그들을 또한 의롭 다 하시고 의롭다 하신 그들을 또한 영화롭게 하셨느니라

하나님이 알고, 미리 정하고, 부르고, 의롭다 칭하고, 영화롭게 하셨다. 이것이 구원의 단계다. 하나님은 이것을 창세전에 미리 정하셨다. 그리고 어느 순간 부르신다. 그 부르심에는 후회가 없 다. 부른 이들을 의롭다 칭하고 또 영화롭게 하시는 것도 하나님 이다. 이것을 믿는 믿음이 은혜로 주신 '선물 믿음'이다.

우리가 하나님의 은혜를 받게 된 것은 예수 그리스도의 보혈 때 문이다. 우리는 예수 그리스도의 보혈로 하나님의 백성이 되었다. 누구에게나 어느 곳에 있든지 구원하시는 하나님의 능력은 열려 있다. 그래서 여기까지는 내 부담이 아니고 '하나님의 부담'이다.

한편, 칭의에서 영광으로 가는 것은 적극적 구원이다. 이 단계 에서는 사적인 것을 넘어 회복적 정의를 이룬다. 은행에서 나의 신용도를 보고 신용을 잘 지키면 더 많은 책임과 의무를 지운다. 잘해서 책임을 더 넓혀 가게 되는 것이 회복적 정의다.

하나님은 죄를 지으면 사망에 이른다고 말씀하시면서 하나님 앞에서 계속 자라나면 하나님의 영광에 이를 수 있다고도 말씀하 신다.

칭의에서 영광으로 나아가는 길은 열려 있다.

먼저, '성령 충만'으로 하나님의 영광을 위해 살아갈 수 있다.

성령 충만한 삶을 살아가려면 말씀을 좇는 믿음과 상급을 좇는 믿음, 두 가지가 있어야 한다. 이것이 예수 그리스도 보혈의 능력이다. 하나님의 영광에 이르는 자는 하나님의 후사 기업 무를 자가 된다.

다음으로, 반드시 공동체를 통해서만 영광에 이를 수 있다. 이것은 '나의 부담'이자 자유의지다. 하지만 내가 해야 할 것은 하나님을 신뢰하는 일뿐이다. 날마다 하나님을 신뢰하고 인정함으로써 하나님의 것을 선택하고 상급을 좇는 믿음을 가질 수 있다.

불신 지옥, 예수 천당을 외치는 것은 여전히 칭의의 수준에 머물러 있는 것이나. 잘못된 진리지식을 가진 사람들은 사망에서 영광까지를 모두 자신의 의지로 해야 한다고 생각한다. 그래서 내가 잘 믿을 때는 천국에 간다고 생각하다가 어느 순간 잘못을 저지르면 지옥에 간다고 생각한다. 사망과 영광을 넘나들며 괴로운 삶을 사는 것이다.

반면에 어떤 교회에서는 사망에서 칭의까지만 이야기한다. 뭔가를 더 할 필요가 없고 칭의의 은혜를 가지고 그냥 살면 된다고 생각한다. 우리나라 교회들의 수준이 대개 칭의에 머물러 있다. 예수 믿고 천국 가면 끝이라고 생각한다. 그리고 어떤 교인들은 사망에서 칭의에 이르는 것조차 내 부담이라고 착각한다. 칭의는 내가 아무리 바닥을 헤매도 이미 구원받은 사람이라는 의미다.

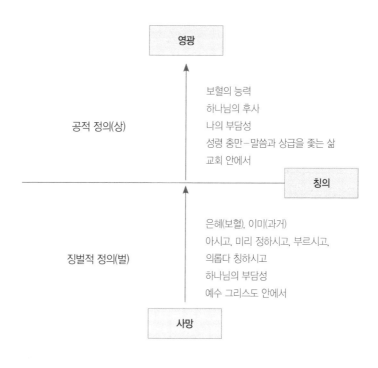

영광

공적 정의(상)

보혈의 능력
하나님의 후사
나의 부담성
성령 충만 – 말씀과 상급을 좇는 삶
교회 안에서

칭의

징벌적 정의(벌)

은혜(보혈), 이미(과거)
아시고, 미리 정하시고, 부르시고,
의롭다 칭하시고
하나님의 부담성
예수 그리스도 안에서

사망

〈그림 4〉 구원의 차원

영광의 차원

성경에는 천국에도 분명히게 차별이 있다고 기록되어 있다. 해의 영광, 달의 영광, 별의 영광이 있고, 별과 별의 영광이 다르며, 다섯 고을과 열 고을 다스리는 것의 권세가 다르다고 한다. 천국에 가는 것으로 끝나는 것이 아니다. 성경은 믿지 않는 사람들을 위해 쓴 것이 아니라 믿는 사람들을 위해 쓴 것이다. 칭의는 죄의 문제를 더는 묻지 않겠다는 뜻이다. 그것이 하나님의 부담이기 때문이다.

사람이 아무리 노력해도 스스로 칭의로 갈 수는 없다. 성경은 이미 칭의를 받은 사람이 어떻게 하면 하나님의 영광에 이르고, 온전함과 완전함을 이룰 수 있는지를 보게 한다. 성경 대부분은 영광의 차원에 관한 이야기이며, 아주 적은 분량만이 첫째 사망의 차원에 대한 것이다. 사망에서 칭의에 이르게 된 것은 이미 과거의 일이다.

그 때문에 '진실로 진실로 너희에게 이르노니 이미 구원을 이루었다, 구원을 가졌다'라고 과거형으로 표현되어 있다. 하지만 동시에 '두렵고 떨림으로 너희 구원을 이루라'라고 되어 있기도 하다. 따라서 우리는 이미 나에게 주신 구원과 내가 이루어야 할 구원의 차이를 알고 있어야 한다. 예수 그리스도를 믿는 것으로 끝이 아니라 그것이 시작이라는 말씀이다. 칭의가 신앙의 시작이고 유월절이 신앙의 시작이다. 그 후에 회개와 회심으로 이어지는 성령 세례와 성령 충만, 성령의 열매, 하나님 나라를 계속 이루어 가는 과정이 신앙생활이며, 내가 부르심에 반응하는 신앙의 삶이다.

칭의를 받았는지 못 받았는지는 아무도 모른다. 하지만 두 가지 사실로 나는 인식할 수 있다. 구원의 객관적인 사실과 주관적인 사실이다. 요한복음 1장 12절 '영접하는 자 곧 그 이름을 믿는 자들에게는 하나님의 자녀가 되는 권세를 주셨으니'라는 말씀이 객관적 사실로 구원을 보증한다. 주관적 사실은 성령님이 보증하신다. '그 안에서 너희도 진리의 말씀 곧 너희의 구원의 복음을 듣고 그 안에서 또한 믿어 약속의 성령으로 인치심을 받았으니에베소서 1장 13절'라는 말씀이다. 내 안에 있는 성령님이 나의 구원을 보증하고 계신다는 말이다.

하나님의 영광에 이르기 위해서는 반드시 공동체 안에 있어야 하는데, 사망은 '예수 그리스도 안in Christ에', 영광은 '교회 안에 in Church' 있어야 한다. 교회 안에서만 온전함과 완전함으로 갈 수 있다. 교회 공동체 밖에도 하나님의 백성이 있을 수 있다. 하지만 영광으로 자라나기 위해서는 반드시 교회 공동체 안에 있어야만 한다.

에베소서의 주제는 성도의 정체성이다. 성도란 누구인지, 그리고 성도가 자라나기 위해서 어떻게 해야 하는지를 말씀한다. 성도는 반드시 교회 안에서 은사와 직임을 통해 자라난다. 온전함과 완전함으로 가기 위해 하나님이 주신 공동체가 교회다. 교회에 왜 다니냐고 물어보면 사람들 대부분은 인정, 사정, 물정에 걸려 있다. 제주도에서 서울로 교회를 다니는 분이 있는데 비싼 대가를 치르면서도 그렇게 다니는 이유는 그 교회가 그에게 생명공동체이기 때문이다. 이것이 교회관이다.

구원관과 교회관은 서로 연결되어 있다. '거지 왕자' 이야기에서는 왕이 후손이 없어서 길을 지나다가 빌어먹고 있는 거지를 후손으로 삼기로 했다. 그런데 이 거지는 왕궁에 가서 실컷 먹고 누리며 살면서도 언제 쫓겨날지 모른다고 생각해서 음식을 숨겨 놓는다. 왕자의 옷이 너무 불편해서 사람들이 보지 않을 때는 원래 입었던 거지 옷을 입고 있다. 이 사람을 거지라고 해야 할까, 왕자라고 해야 할까? 신분은 분명히 왕자인데 삶은 거지다. 구원받은 사람이 칭의의 사람인 것을 인식하지 못하고 사망의 바닥에 내려가 사는 모습이 이와 같다.

'미운 오리새끼' 이야기에서 이미 백조가 되었으면서도 여전히 오리처럼 사는 모습도 마찬가지다. 백조라면 날아야 한다. 신앙생활에서 난다는 것은 온전함과 완전함을 위해 하나님의 영광에 이르도록 살아간다는 의미다. 하나님은 우리를 영광을 보고 살라고 부르셨다.

칭의의 수준에 있는 사람이 깨달아 영광에 닿을 수 있도록 살아가려면 말씀과 상급을 좇는 믿음이 필요하다. 상급을 좇는 삶이란 비전을 세우고 살아가는 삶이다. 비전이 없으면 인생을 갈지之 자로, 허공에다 주먹질하며 살게 된다. 싸움에서 눈을 감고 손을 날리면서 '한 대 맞을 때가 있겠지'라고 생각하는 것과 같다. 눈을 뜨고 상대방을 보고 있는 사람은 절대 그 주먹에 맞지 않는다. 사단은 호락호락하지 않다. C.S 루이스는 사단이 머리에 뿔이 달리고 무서운 모습으로 오는 게 아니라 가장 그럴듯하고 아름다운 모습으로 다가온다고 말했다.

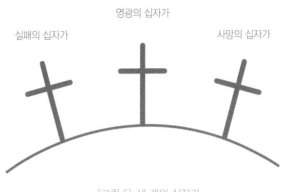

영광의 십자가

실패의 십자가　　　　　　　　사망의 십자가

〈그림 5〉 세 개의 십자가

　　내가 상급을 좇아가지 않으면, 비전이 없다면, 실패의 십자가를 지게 된다. 예수님이 십자가에 못 박혀 돌아가실 때 골고다 언덕에는 두 개의 십자가가 더 있었다. 예수님이 지신 십자가는 영광의 십자가였지만, 구원받은 강도가 졌던 십자가는 실패의 십자가였고, 나머지 강도의 십자가는 사망의 십자가였다. 하나님은 우리가 영광의 십자가를 지기 원하신다. 칭의 안에서 은혜로만 살면서 '이만하면 됐지' 하는 것이 아니라 하나님의 공동체, 하나님 나라를 위해 온전함과 완전함을 추구하기를 바라신다. 주님은 오늘도 생명을 찾고 계신다. 그는 하나님의 영광에 이르게 할 사람이다.

요한복음 1장 48절 빌립이 너를 부르기 전에 네가 무화과나무 아래에 있을 때에 보았노라

　이 말씀에서는 나다나엘이 고독의 자리에 있을 때 주님이 그를 봤다고 말씀하신다.

　은혜의 통로는 '겸손'이다. 말씀을 성취하는 통로는 '복종'이다. 그리고 하나님 나라를 이루는 통로는 '헌신'이다. 공동체 안에서 계속 자라나는 통로는 '용서'다. 제자들은 계속되는 이 훈련을 통과해야 한다. 자아가 깨지는 훈련이다. 겸손해질 때까지, 복종할 때까지, 헌신할 때까지, 용서할 때까지다. 그 '때'란 하나님의 시간, 카이로스의 시간을 말한다. 그 시간에 하나님이 반드시 우리를 부르고 구원하신다.

5부 구원과 부르심

주제별
성경연구

6부

제자훈련

마가복음 3장 13~15절 또 산에 오르사 자기가 원하는 자들을 부르시니 나아온지

라 이에 열둘을 세우셨으니 이는 자기와 함께 있게 하시고 또 보내사 전도도 하며

귀신을 내쫓는 권능도 가지게 하려 하심이러라

스승과 제자

　예수님은 하나님 나라를 세우기 위해 식섭 사람의 몸으로 이 땅에 오셨다. 하나님 나라를 이루신 가장 결정적인 사건은 십자가의 죽음과 부활이었다. 하나님은 사람을 통해 하나님 나라를 이루신다. 그래서 사람은 어떤 문제가 생겼을 때 해결할 방법을 찾지만, 하나님은 사람을 찾으신다. 늘 어느 시대의 역사 속, 어느 순간에 하나님은 계획을 이루기 위해 사람을 찾고, 그 사람에게 말씀하신다. 사람에게는 선한 마음, 악한 마음, 상처받은 마음 등 다양한 마음 상태가 있다. 하나님은 다양한 그 마음 상태를 모두 사용하신다. 하나님에게 위임받은 사람이 온전해질 때 역리가 순리로 변한다. 그래서 사람이 가장 중요하다. 하나님의 관심은 언제나 사람에게 있다.

　우리도 어떤 문제에 부딪혔을 때 상황이나 사건의 전말, 악인이 무슨 짓을 저질렀는지가 아니라 하나님의 사람이 그 속에서 어떤 방식으로 존재했는지를 봐야 한다. 문제가 생기면 빠져나갈 방법을 찾느라 꾀를 쓰는 것이 아니라 하나님의 말씀을 품고 있는 사

람, 그 문제를 함께 뚫고 지나갈 수 있는 믿음 있는 사람을 찾아야
한다.

예수님은 늘 제자를 찾으셨다. 그리고 그들을 스승의 마음으로
품으셨다. 예수님이 어디까지 제자들을 품고 신뢰하셨는지 두 사
례로 살펴보자.

첫째, 예수님은 스승으로서 배신과 배반을 각오하고 제자를 받
아들이셨다. 베드로는 연약함 때문에 십자가에서 죽을 것이 두려
워 예수님을 배신한 제자였다. 그리고 가룟 유다는 메시아를 보는
관점이 달라서 스승을 대적한 배반자였다. 하지만 예수님은 두 사
람 모두 제자로 받아들이고 함께하셨다.

둘째, 예수님은 스승으로서 생명 관계 안에서 죽기를 각오한 지
도자였다. 사람을 품을 때나 함께 일할 때 가장 중요한 것이 신뢰
다. 인간관계가 틀어지는 가장 큰 이유는 신뢰가 깨졌기 때문이
다. 배신이나 배반을 많이 당한 사람은 누구도 신뢰하지 않는다.
늘 의심한다. 내가 의심하면 상대방도 같이 의심하게 된다. 가장
높은 수준의 신뢰는 배신과 배반을 각오하고 관계를 맺는 것이다.

사람은 앞에서만 보면 안 되고 옆에서도 봐야 한다. 그 사람의
좋은 면만 봐서는 지혜롭게 관계를 이어갈 수 없다. 옆에서 본다
는 것은 상대방의 장단점을 동시에 본다는 의미다. 예수님은 베드
로를 처음 부르실 때부터 어쩌면 가장 결정적인 순간에 자신을 배
신할 것을 알고 계셨을지도 모른다. 또 가룟 유다를 3년 동안 데리
고 다니면서 제자라고 말씀했지만 '저 놈이 언젠가는 나를 배반할
놈인데'라고 생각하셨을지도 모른다. 하지만 그 생각에만 집중했
다면, 그래서 신뢰하지 않았다면 온전히 내어주고 온전히 가르칠

수 없었을 것이다.

배신과 배반으로 십자가에서 죽음을 당할 것까지 각오하는 지도자가 진짜 스승이다. 이런 스승 앞에서 제자가 세워진다.

주님의 제자들에게는 다음과 같은 네 가지 특징이 있다.

고린도전서 11장 1절 내가 그리스도를 본받는 자가 된 것 같이 너희는 나를 본받는 자가 되라

첫째, 배우는 자였다. 배우지 않으려는 자는 완고하고 고집이 세서 절대로 남의 말을 들으려 하지 않는다. 그런 사람은 늘 궤변을 이야기한다. 애굽의 바로 왕과 같은 마음을 가진 강퍅한 사람이다. 반면에 배우려는 마음이 있는 사람은 무엇이든 수용할 수 있는 열린 마음을 가지고 있다. 제자는 철저하게 배우려는 마음의 태도를 지녀야 한다.

마가복음 3장 13절 또 산에 오르사 자기가 원하는 자들을 부르시니

둘째, 선택받은 자였다. 스스로 원해서 제자가 된 것이 아니라 주님이 원하셔서 선택받은 사람이 제자가 되었다. 우리도 '이미' 제자로 선택받았는데 이제껏 제자가 아닌 것처럼 살았을 뿐이다. 따라서 어느 순간 주님이 부르시면 '아! 내가 제자로 선택받은 사람이었구나!'하고 깨닫게 된다.

어떤 분은 신학을 공부하고도 목회를 하지 않는다. 자기는 목사가 될 자격이 안 되기 때문이라고 한다. 얼핏 들으면 굉장히 의로

운 사람이 하는 말로 들린다. 그러나 나 역시 목사로서 충분한 자격을 갖추었다고 할 수 없는 사람이지만 목사다. 목사라는 직분을 하나님이 주셨다는 믿음을 갖고 있지 않으면, 나 스스로 의로워져야 그 직분을 감당할 수 있다고 착각하게 된다. 자격이 안 돼서 못하겠다는 말은 굉장히 겸손한 것처럼 들리지만 그 안에는 자기 의가 숨어 있다. 깨끗한 마음이 되어야 목사가 될 수 있다는 말인데, 사람은 스스로 깨끗한 마음을 가질 수 없는 존재다.

로마서 3장 10절 의인은 없나니 하나도 없으며

내 의가 아니라 하나님의 의로 된 것이다. 하나님이 선택하셨다는 것을 고백하지 않으면 가다가 지쳐서 스스로 직분을 내려놓거나 자기 힘으로 그 길을 가려고 할 수도 있다.

셋째, 하나님에게 위임받은 자였다. 제자에게는 하나님이 맡기신 일에 대한 책임이 있다. 하나님은 제자에게 무엇인가 감당해야 할 의무를 주신다. 위임받은 것을 생각하지 못하고 방임하는 자는 자유가 아니라 방종으로 간 사람이다.

넷째, 보내심을 받은 자였다. 제자는 내 마음대로 내가 가고 싶은 곳으로 가는 것이 아니라 하나님이 가라고 하시는 곳으로 가야 한다.

요한복음 20장 21절 아버지께서 나를 보내신 것 같이 나도 너희를 보내노라 유대교에서는 늘 이방인들에게 하나님에게 선택받은 민족이 되기 위해서는 자기들에게 오라고 했다. 와서 할례를 받고, 안식일을 지키면 유대인이 될 수 있다고 했다. 그런데 주님은 거꾸로 그들이 이방인들에게 가라고 말씀하셨다. 이것이 유대교와 기독교의 가장 큰 차이다. 오라고 하는 사람이 아니라 가는 사람, 다시 말해 보내심을 받은 자가 제자다.

세 가지 제자훈련

요한복음 1장 40~42절 요한의 말을 듣고 예수를 따르는 두 사람 중의 하나는 시몬 베드로의 형제 안드레라 그가 먼저 자기의 형제 시몬을 찾아 말하되 우리가 메시야를 만났다 하고(메시야는 번역하면 그리스도라) 데리고 예수께로 오니 예수께서 보시고 이르시되 네가 요한의 아들 시몬이니 장차 게바라 하리라 하시니라(게바는 번역하면 베드로라)

디모데후서 2장 2절 또 네가 많은 증인 앞에서 내게 들은 바를 충성된 사람들에게 부탁하라 그들이 또 다른 사람들을 가르칠 수 있으리라

요한복음 1장 말씀은 제자가 했던 전도이고, 디모데후서 2장 말씀은 사도 바울이 말하는 전도다. 요한복음의 전도는 데리고 오는데서 그쳤지만 디모데후서 2장의 전도는 데리고 와서 양육까지 한다. 제자 삼는다.

전도 방법에는 네 가지가 있다.

첫째는 문서 전도다. 이슬비 전도처럼 책이나 편지 같은 문서를

보내서 복음을 전하는 방법이다.

둘째는 설득 전도다. CCC Campus Crusade for Christ, 사영리 전도 네 가지 영적 법칙에 따른 전도 방법, 전도폭발 케네디 전도법 등으로, 사람들을 논리적으로 설득해서 복음을 전하는 방법이다.

셋째는 선포 전도다. 이 중에는 고구마 전도라는 것이 있다. 고구마를 삶을 때 익었는지 안 익었는지 젓가락으로 찔러 보는 것처럼 전도 대상과 늘 관계를 이어가면서 힘들 때마다 '너를 위해 기도해 줄게'라고 말하는 방법이다. 처음에는 '기도하지 마'라고 거절했던 사람들이 정말 힘든 순간이 오면 '나를 위해 기도해 줄래?' 하고 먼저 요청하게 된다. 고구마가 마침내 익은 것이다. 이때는 구구절절 다른 설명을 하지 않고 그냥 '나랑 교회 가자'라고 말한다. 그럼 또 상대는 토 달지 않고 순순히 따라온다. 따라서 번번이 설득하지 않아도 그 사람의 마음의 상태를 보고 있다가 어느 순간 선포하면 된다.

넷째는 존재 전도다. 사람 자체가 전도인 경우다. 그 사람을 보는 순간 '저 사람이 믿는 종교라면 나도 한번 믿어볼까?'라는 생각이 들게 한다.

제자 삼는다는 것은, 전도를 통해 데려온 사람을 끝까지 양육해서 그 사람이 다른 사람을 양육하도록 하는 것까지를 말한다. 그래서 생명 관계를 할 수밖에 없다. 아이를 낳았으면 그 아이를 잘 품었다가 스무 살 정도 되면 독립시키는 것이 정상이다. 그리고 그 자녀가 결혼을 해서 아이를 낳아야 한다. 이처럼 제자훈련의 과정도 생명 관계를 통해 훈련받고 다른 제자를 낳아야 한다. 제자는 태어나는 것이 아니라 만들어진다. '전도했다'라는 말은 단순히 사람을 데리고 왔다는 의미가 아니다.

세상에서 분리되어 예수님에게 오는 사람이 제자이고 예수님을 통해 다시 세상으로 나아가는 사람은 사도다. 예수를 믿기 시작하면 사람들 대부분은 대략 3년 안에 정상적인 사회관계가 깨진다. 그럴 수밖에 없는 이유는 원래 지내던 환경 안에서 교회에서 새로 배우는 가치로 사는 것이 쉽지 않기 때문이다. 따라서 세상과는 점점 멀어져야 제자가 될 수 있다. 그러나 나중에는 다시 세상으로 나가야 한다. 사도의 인생에서 가장 큰 목적은 세상을 변화시키는 일이다. 세상을 자기 힘으로 끌고 갈 힘이 있는 사람이 사도다. 사도는 어느 곳에 가든지 교회를 세울 수 있고, 공동체를 만들 수 있는 사람이다.

술 마시는 사람들이 모인 자리에 가면 같이 술을 마시게 돼서 그 환경에서 떨어져야 하는 사람은 아직 제자다. 제자는 그런 자리에 가지 말아야 한다. 그런데 술자리에 가도 더는 유혹을 받지 않고 그 자리에 앉아 있는 사람들의 영혼이 보이는 사람은 사도다. 사도는 일부러라도 술자리에 가야 한다. 그곳에 하나님의 자녀 마태가 있기 때문이다. 세상의 유혹이 더는 유혹거리가 되지 않을 만큼 자라난 사람은 사도의 사명을 가지고 세상을 변화시키기 위해 세상 한가운데로 들어가야 한다. 세상에 휘둘리는 것이 아니라 내가 구심점이 되어 세상을 돌려야 한다. 내가 사도인지 아직 제자인지 분별해야 한다.

주재권	인격의 위탁
종의 도	신분의 위탁
증인의 삶	목적의 위탁

〈표 8〉 제자 훈련

제자가 받는 훈련 세 가지가 있다.

첫째는 '주재권' 훈련이다. 세상에서 철저하게 분리되어 주님과 인격적인 관계를 시작하는 것을 말한다. 내 편에서 하는 것이 아니라 주님의 편에서 이루어지는 훈련이다. 둘째는 '종의 도' 훈련이다. 내가 주인이 아니라 하나님이 주인이라는 것을 인정하는 훈련이다. 내가 누구에게 복종할 것인지를 봐야 한다. 마지막으로 '증인의 삶' 훈련이다. 나에게는 보고 들은 것을 전해야 하는 증인의 사명이 있다. 그런 의미에서 제자는 주님을 만나고 듣고 체험한 사람이다. 그 체험을 증거 하는 훈련을 받는다.

주재권은 '인격의 위탁'이고, 종의 도는 '신분의 위탁'이고, 증인의 삶은 '목적의 위탁'이다. 제자는 예수님 앞에서 하나님과 인격적인 관계를 훈련받고, 자신의 신분을 정확히 인지하는 훈련을 받고, 인생의 목적이 무엇인지를 깨닫는 훈련을 받는다. 나의 인격, 나의 신분, 나의 삶의 목적이 무엇인지 분명히 알게 되는 훈련이 바로 제자훈련이다.

제자를 부르신 목적

주님이 제자를 부르신 목적은 세 가지다.

첫째는 함께하시기 위해서다. 예수님은 제자들과 함께 먹고 자면서 가르치고 기적을 베푸는 것을 보여주며 함께 호흡하고 사셨다. 신랑이신 예수 그리스도와 신부인 내가 부부와 같은 관계를 통해 온전히 하나 됨을 이룬다. 부부 관계에서 가장 중요한 관계의 원리는 사랑이다. 주님은 우리를 사랑하기 위해서, 그 사랑의 훈련을 시키기 위해서 제자를 부르신다. 하나님은 우리와 함께 계시는 '임마누엘'의 하나님을 경험하는 훈련을 통해 최고의 사랑을 가르치신다.

하나님은 비천한 나와 함께하기 위해 사람이 되셨다. 그 사랑으로 십자가에서 돌아가셨다. 그리고 영원히 헤어지지 않도록 부활한 후 나와 함께하고 계신다. 그래서 우리도 그렇게 서로 사랑하고 있는지를 물어야 한다.

제자를 부르신 목적	비유	원리(덕목)	첫 단계
① 함께하심 ↕ 유혹은 분열	부부(단일) ↕ 목적 관계↔협력 관계	사랑(임마누엘) (내어주심)	위탁
② 전도 ↕ 능력	농부 ↕ 기적	인내 (생명을 낳기까지)	온전/완전
③ 영적 전쟁 ↕ 십자가 없는 승리	군사 ↕ 지름길	복종	소명(비전)

〈표 9〉 제자를 부르신 목적

둘째는 전도하기 위해서다. 가서 제자 삼고 생명 관계를 한다. 전도는 기다림이다. 생명이 생명을 낳을 때까지 기다리며 인내하는 농부와 같은 사람이 제자다. 관계 전도의 핵심은 절대로 관계를 끊지 않는 것이다. 화가 나도, 그 사람이 하나님을 욕하고 막말을 해도, 절대로 관계는 끊지 말아야 한다. 생명이 생명으로 나올 때까지 끝까지 인내하며 기다려야 한다. 생명을 품은 농부는 기다릴 수밖에 없다. 주님은 제자들이 생명을 품고 하나님 앞에서 인내하도록 훈련하셨다.

셋째는 영적 전쟁을 치르기 위해서다. 제자는 영적 전쟁을 하는 군인이다. 군인의 가장 중요한 덕목은 복종이다. 군인은 자신이 생각하기에는 도저히 말이 안 되는 상황이라도 서라면 서고, 가라면 간다. 말이 안 되는 일 같지만 하나님은 이런 복종을 통해 우리에게 권세를 주신다.

주님은 우리와 함께하시고, 전도와 영적 전쟁에 보내려고 인생의 훈련장으로 부르셨다. 이 훈련장에서 사랑이 무엇이고, 인내가 무엇이며, 복종이 무엇인지를 배우게 하신다. 사랑하기 위해서는 주님에게 나의 문제를 맡겨야 한다. 사랑은 내어주고 맡기는 일이다. 우리는 생명이 온전하고 완전해질 때까지 이 모든 과정을 거친다. 영적 전쟁을 하는 사람은 비전을 품은 사람이다. 비전 없이 영적 전쟁을 한다는 것은 싸울 장소 없이 싸움한다는 말이다. 내가 무엇을 해야 하는지 목적이 있어야 영적 전쟁을 할 수 있다.

유혹

제자훈련을 받는 과정에는 반드시 유혹이 있다. 유혹은 함께하려는 스승과 제자의 관계를 분열시킨다.

관계를 깨뜨리기 위해 사단이 쓰는 첫 번째 전략은 목적 관계를 수단 관계로 만드는 것이다. 목적 관계는 관계 자체가 목적이다. 일하기 위해 만난 관계가 아니라 부모와 자식처럼 관계 자체가 목적이다.

마태복음에는 사단이 예수님에게 와서 '네가 하나님의 아들이어든'이라는 조건을 붙여 시험하는 장면이 나온다. 사단이 말한 것을 해내지 못한다면 하나님의 아들이 아니라는 말이다. 사단은 우리에게도 그렇게 말한다. 이것을 못하면, 저것을 하지 않으면, 하나님의 자녀가 아니며 하나님과 함께하지 못한다고 거짓을 말한다. 하지만 우리는 그냥 있는 것만으로도 충분한 목적 관계여서 아무것도 하지 못한다 할지라도 하나님의 자녀다. 관계가 타락하면 조건을 따지기 시작한다. 그냥 사랑하니까 함께하는 것이지 그 사람이 능력이나 돈이 있어서 사랑하는 것이 아니다.

사단이 쓰는 두 번째 전략은 전도할 때 능력을 보여줘야 한다고 생각하게 만드는 것이다. 예수님을 따라다닌 세 종류의 사람들이 있었다. 제자들과 무리와 바리새인들이었다. 바리새인들은 예수님을 대적했고, 무리는 능력에 현혹되어 몰려들었을 뿐 예수님이 누구인지 정확히 알지 못했다. 제자들만이 예수님이 누구인지 알고 있었다. 예수님을 따라다닌다고 해서 모두 제자는 아니라는 말이다.

능력은 다른 말로 기적이라고 할 수 있다. 농부는 기적을 원하지 않는다. 그저 인내할 뿐이다. 자라나게 하시는 분은 하나님이라고 생각하고 묵묵히 기다린다. 기적은 필요를 채워 준다. 사단이 40일을 굶은 예수님에게 '떡을 만들어라, 높은 곳에서 뛰어내려라, 자연을 파괴하고 기적을 베풀어라, 절을 하면 모든 권세를 주겠다'라고 했던 것도 결국 필요를 채워주겠다는 뜻이었다. 하지만 기적은 자연의 순리도, 생명의 원리도 아니다.

사단이 쓰는 세 번째 전략은 영적 전쟁을 하지 말고 피를 흘리지 않는 승리를 얻으라고 유혹하는 것이다. 예수님은 공생애 가운데 떡을 만들고, 기적을 베풀고, 권세를 가지셨다. 하지만 사단이 기적을 발휘해 보라고 했을 때 하지 않으셨다. 그 이유는 십자가 없는 승리를 원치 않으셨기 때문이다. 사단은 힘들게 가지 말고 고통받지도 말고 늘 지름길로 가라고 우리를 유혹한다. 싸우지 말고 피하고 그냥 받아들이라고 한다. 그런데 성경에서는 악한 영에 대적하라고 말씀한다. 악한 영은 대적해야 할 대상이지 연구해야 할 대상이 아니라는 것을 알아야 한다. 귀신에 대해, 사단에 대해 연구하지 말고 대적해서 싸워야 한다. 귀신을 내쫓아서 깨끗해진 영혼에 예수가 없다면 더 많은 귀신이 들어간다.

> 마태복음 12장 43~45절 더러운 귀신이 사람에게서 나갔을 때에 물 없
> 는 곳으로 다니며 쉬기를 구하되 쉴 곳을 얻지 못하고 이에 이르되 내가
> 나온 내 집으로 돌아가리라 하고 와 보니 그 집이 비고 청소되고 수리되
> 었거늘 이에 가서 저보다 더 악한 귀신 일곱을 데리고 들어가서 거하니
> 그 사람의 나중 형편이 전보다 더욱 심하게 되느니라 이 악한 세대가 또
> 한 이렇게 되리라

제자는 사랑하고 인내하고 복종하면서 관계를 수단으로 만들려
는 것과 기적을 구하는 것과 지름길로 가려는 것에 맞서 끊임없이
싸우는 훈련을 받아야 한다.

하나님의 선물

영적 전쟁에서 승리하기 위해 제자는 세 가지 무기를 갖추어야한다.

첫째, 말씀을 가져야 한다. 마태복음 4장 4절과 7절, 10절 말씀을 보면 '기록되었으되, 기록되었으되, 기록되었으되' 하며 예수님이 말씀을 가지고 영적 전쟁을 하신다. 문제가 있을 때 나에게 주신 그 말씀이 나를 위태로운 상황에서 건진다. 어두운 앞길을 비추는 등불과 같은 말씀, 제자는 그 말씀을 가지고 싸워야 한다.

둘째, 하나님에게 집중하는 눈을 가져야 한다. 예수님은 말씀하실 때마다 '하나님의, 하나님을, 하나님께'라고 반드시 하나님을 언급하며 말씀하셨다. 만나는 이스라엘 백성들이 광야에서 40년 동안 먹었던 음식이다. 그런데 만나는 안식일을 제외하고는 반드시 하루치만 주셨다. 광야는 내일을 알 수 없는 곳이다. 만나를 일주일치씩 주셨다면 7일 동안은 아무 걱정 없이 살 수 있다. 그런데 딱 하루치만 주신 이유는 매일 매 순간 하나님에게 집중하지 않으면 생명이 끝난다는 것을 알게 하려는 뜻이었다.

지도를 보면 이스라엘은 지대 높은 곳에 있다. 낮은 곳에서는 물레방아를 돌리면 물을 얻을 수 있었지만 높은 곳에 있는 이스라엘은 하늘을 보고 살아야 하는, 다시 말해 하늘에서 비가 내려야만 살아갈 수 있는 곳이었다. 물 댄 동산은 일 년 내내 계획을 세우고 예측하며 살 수 있지만 이스라엘은 하루 앞을 알 수 없었다. 비가 그치면 하루를 사는 것이 힘든 곳이었다. 그런데 하나님은 그런 곳을 하나님의 땅, 은혜의 땅이라고 말씀하고 하나님 백성을 몰아넣으셨다. 만나의 원리는 광야 같은 세상에서 매일 매 순간 말씀을 가지고 하나님에게 집중하는 훈련이다.

셋째, 입으로 선포해야 한다. 십자가 없는 승리, 지름길의 유혹에서 벗어날 수 없을 때 제자는 '사단아 물러가라' 하고 외쳐야 한다. 말씀을 가지고도 안 되고, 하나님께 집중해도 안 될 때는 선포하는 훈련이 필요하다.

고난은 온전함과 완전함을 이루기 위한 하나님의 선물이다. 하나님은 공동체 안에 있는 '사람 막대기'라는 관계를 통해 훈련하신다. '인생의 채찍'이라는 상황과 환경을 통해 제자들에게 하나님만 의지하도록 훈련하신다. 그리고 부모나 목사나 권위자를 통해 나를 훈련하신다.

자아가 깨지는 학교

고난은 온전함과 완전함을 이루기 위한 하나님의 선물이다. 고난을 통해 순종하는 태도와 질서에 순응하는 훈련을 받는다. 하나님은 사람을 통해 우리를 훈련하시는데, 사단은 일을 통해 훈련하려 한다. 하나님은 늘 말씀을 통해 하나님에게 돌아오라고, 하나님에게 집중하라고 하시고 그래도 안 되면 선포하신다. 그런데 사람은 너무 악해서 바닥을 쳐야, 고난당하고 나서야 '아! 그 말씀이 나에게 사랑하라고 하신 말씀이었구나'라고 깨닫게 된다.

레이몬드 에드만의 『인생 훈련』이라는 책에는 위험의 훈련, 노년의 훈련, 수치의 훈련, 변명의 훈련, 기형의 훈련, 지연의 훈련, 기쁨의 훈련, 욕망의 훈련, 절망의 훈련, 구두점의 훈련, 역경의 훈련 등 31가지 훈련이 나온다. 인생에서 이런 훈련들을 통과해야만 생명을 다스릴 수 있다. 하나님이 이런 훈련을 시키는 이유는 인생을 통해 '자아가 깨지는 것을 기대하고 소망'하시기 때문이다. 인생이란 시간은 결국 자아가 깨지는 학교다.

다윗이 위대한 왕이 될 수 있었던 이유는 인생 훈련을 다 통과했기 때문이다.

수도사들은 원래 돌아다니며 수행하는 것이 전통이었다. 그런데 어느 순간 한곳에 머물러 수행하는 정주 수도를 하게 되었다. 왜냐하면, 머무르던 수도원에서 힘든 일이 생기면 바로 다른 수도원으로 옮겨 버려서 제대로 훈련을 받을 수 없었기 때문이다. 사람은 불편하거나 자신이 원하지 않는 일이나 관계를 만나면 쉽게 떠난다. 하나님 앞에서 제대로 훈련받으려면 거룩한 장소에서 세속과 굴욕을 경험해 봐야 한다. 그래야 '아, 나라고 하는 사람이 이런 사람이구나!' 하고 깨닫게 된다. 그것이 처음으로 정주수도를 했던 수도사의 깨달음이있다. 그 이후 모는 수도사가 정주 수도를 하게 됐다고 한다.

나에게 온 모든 고난은 사랑과 인내와 복종의 훈련을 위해 하나님이 주신 선물이다. 하나님은 사람을 통해, 인생의 상황과 사건을 통해, 내 권위자를 통해 나를 훈련하신다.

> **이사야 5장 1~2절** 나는 내가 사랑하는 자를 위하여 노래하되 내가 사랑하는 자의 포도원을 노래하리라 내가 사랑하는 자에게 포도원이 있음이여 심히 기름진 산에로다 땅을 파서 돌을 제하고 극상품 포도나무를 심었도다 그 중에 망대를 세웠고 또 그 안에 술틀을 팠도다 좋은 포도 맺기를 바랐더니 들포도를 맺었도다

하나님은 이스라엘 백성을 극상품 포도나무라고 부르신다. 그런데 들포도가 열렸다. 들포도는 먹을 수 없는 포도다. 들포도가 열린 이유는 세 가지를 하지 않았기 때문이다.

먼저, 누워 있는 포도나무 가지에 지주를 세우고 묶어줘야 한다. 그다음에는 필요 없는 가지를 쳐내서 영양분을 빼앗기지 않도록 해야 한다. 마지막으로는 해충을 박멸하기 위해 껍질을 벗겨야 한다. 인생을 한곳에 묶어 두는 훈련, 인생의 가지치기를 하는 훈련, 수치와 모욕의 훈련을 통과해야 극상품 포도가 열린다.

마가복음 3장 13절에서 15절까지는 제자훈련의 커리큘럼을 말씀하고 있다. 첫째는 13절 '자기가 원하는 자들을 부르시니 나아온지라 이에 열둘을 세우셨으니 이는 자기와 함께 있게 하시고' 주님이 함께하면서 위탁하는 훈련을 하신다. '말씀 훈련'을 통해 사랑하는 그 일을 제자들에게 맡기신다. 둘째는 14절 '또 보내사 전도도 하며' 생명을 품고 인내하는 '경건 훈련'을 하게 하신다. 셋째는 15절 '귀신을 내쫓는 권능도 가지게 하려' 비전을 품고 '복종 훈련'을 하신다. 그 훈련은 다른 생명을 낳을 때까지 하는 '목양 훈련'이다.

7부

친밀감

시편 46편 1~11절 하나님은 우리의 피난처시요 힘이시니 환난 중에 만날 큰 도
움이시라 그러므로 땅이 변하든지 산이 흔들려 바다 가운데에 빠지든지 바닷물이
솟아나고 뛰놀든지 그것이 넘침으로 산이 흔들릴지라도 우리는 두려워하지 아니
하리로다(셀라) 한 시내가 있어 나뉘어 흘러 하나님의 성 곧 지존하신 이의 성소
를 기쁘게 하도다 하나님이 그 성 중에 계시매 성이 흔들리지 아니할 것이라 새벽
에 하나님이 도우시리로다 뭇 나라가 떠들며 왕국이 흔들렸더니 그가 소리를 내
시매 땅이 녹았도다 만군의 여호와께서 우리와 함께 하시니 야곱의 하나님은 우
리의 피난처시로다(셀라) 와서 여호와의 행적을 볼지어다 그가 땅을 황무지로 만
드셨도다 그가 땅 끝까지 전쟁을 쉬게 하심이여 활을 꺾고 창을 끊으며 수레를 불
사르시는도다 이르시기를 너희는 가만히 있어 내가 하나님 됨을 알지어다 내가
뭇 나라 중에서 높임을 받으리라 내가 세계 중에서 높임을 받으리라 하시도다 만
군의 여호와께서 우리와 함께 하시니 야곱의 하나님은 우리의 피난처시로다

하나님의 관심

본문 1절에서 9절까지의 상황은 천지가 개벽하고, 전쟁이 벌이지고, 지진이 일어난 상황이다. 사람들은 이럴 때 어디로 도망가야 할지, 어떻게 대처해야 할지를 고민한다. 전쟁이 일어났으니 죽이려는 적들 앞에서 내가 무엇인가 해야 한다고 생각한다. 하지만 하나님은 '너희는 가만히 있어!'라고 말씀하신다. 가라면 가고, 서라면 서는 것이다. 이것이 주재권이다.

그러고는 '내가 하나님 됨을 알지어다'라고 말씀하신다. 여기서 '안다know'라는 말은 히브리어로 '야다'이다. '야다'는 '아담과 하와가 동침하매 가인을 낳았다'라고 할 때 '동침'이라는 말과 같은 뜻이다. 지식으로 아는 것이 아니라 아주 실제적이고 구체적이며 몸으로 아는 것을 말한다. 이런 앎은 하나님과의 교제로 가능하다. 가만히 있으면서 하나님을 아는 데 집중하라는 말씀이다.

칭의는 '하나님과의 관계'의 시작이다. 하나님은 우리 신앙이 칭의에서 멈추기보다 하나님과 더욱 친밀한 관계로 나아가기를 원하신다. 하나님과 더 친밀해지는 것은 자라난다는 의미다. 점점 더 많은 것을 아는 관계가 되어 지식과 생각과 몸까지 모든 것에서 친밀해진다. 하나님은 궁극적으로 우리가 어른으로 자라나기를 원하신다. 칭의에 머물면 신앙에서 어린아이다. 장성한 어른이 된 신앙은 그리스도의 모습이다.

사람		내용	관계	방법
영		말씀을 가지고 관계성을 가짐	생명	말씀을 듣고 친밀해짐
혼	지식	자유 / 진	아름다움 (지혜와 총명)	하나 되어 순결해짐
	의지	강하고 담대함 / 선		
	감성	기쁨 / 미		
육		몸	유기적	성령에 복종하여 부활체가 됨

〈표 10〉 관계성

사람은 영과 혼과 육으로 이루어졌다. 영, 혼, 육이 강건해진다는 것은, 내가 어린아이처럼 말하고 깨닫고 생각하던 것이 어른의 수준으로 자라난다는 의미다. 말과 깨달음과 생각의 장성함이 곧 어른이 된 신앙의 열매다.

> 고린도전서 13장 11절　내가 어렸을 때에는 말하는 것이 어린 아이와 같고 깨닫는 것이 어린 아이와 같고 생각하는 것이 어린 아이와 같다가 장성한 사람이 되어서는 어린 아이의 일을 버렸노라

영은 말씀으로 관계하는데, 말씀을 들을수록 하나님의 자녀라는 확신으로 생명 관계를 맺어간다. 하나님의 자녀라는 것을 깨달으면 내 영이 풍부해진다.

혼의 영역은 지식과 감성과 의지의 세계다. 하나님과 친밀해져서 하나가 될수록 지식은 자유로움으로 단순해지고, 의지는 강하고 담대함으로 단단해지며, 감성은 온전한 기쁨으로 단아해진다. 이것이 한마디로 진선미다. 사람은 혼의 관계를 통해 아름다움을 추구한다.

> 사도행전 2장 17절 하나님이 말씀하시기를 말세에 내가 내 영을 모든 육체에 부어 주리니 너희의 자녀들은 예언할 것이요 너희의 젊은이들은 환상을 보고 너희의 늙은이들은 꿈을 꾸리라

성령이 육체에 부어지면 내 육은 몸을 쳐서 복종해 성령과 함께 일하며 더욱 강건해진다. 원래 육의 속성은 썩고 쇠하고 없어지는 것으로, 성령에 복종하는 육신은 영원히 썩고 쇠하고 없어지지 않는 부활체spiritual body로 변화한다.

하나님을 알라know

시편 46편 10절 내가 하나님 됨을 알지어다

하나님을 안다는 말에는 사실을 파악해서 인지적으로 아는 것, 즉 'about God'와 인격적으로 경험해서 아는 것, 즉 'of God'라는 두 가지 의미가 있다. 하나님을 아는 지식에서부터 그 지식을 통해 직접 경험해서 아는 데 이르기까지 점점 더 친밀해진다.

아브라함이 아버지 데라가 있는 하란을 떠날 때 그곳은 어떤 곳이었을까? 성경학자들은 '우상이 풍성했던 지역이고, 아브라함의 아버지는 우상을 섬겼던 사람'이었다고 말한다. '여호와 하나님'은 그로부터 430년 뒤에 모세에게 나타나 자신의 이름을 직접 밝히신다.

출애굽기 3장 14절 하나님이 모세에게 이르시되 나는 스스로 있는 자이니라 또 이르시되 너는 이스라엘 자손에게 이같이 이르기를 스스로 있는 자가 나를 너희에게 보내셨다 하라

Exodus chapter 3, verse 14 God said to Moses, 'I AM WHO I AM'.
This is what you are to say to the Israelites: 'I AM has sent me to you.

아브라함에게 하나님은 '알 수 없는 신'이었다. 이름을 알지 못했다. 드라빔, 바알 같은 수많은 신 가운데 알 수 없는 신이 있는데, 오직 그 신만이 말하는 신이었다. 그는 그 신에게 이끌려서 가나안으로 갔다. 이렇게 친밀감은 대화를 통해 느낄 수 있다. 우리는 자녀로 친구로 동역자로 서로 대화한다. 혼자 말하는 것에는 관계성이 없지만 '대화'는 쌍방이 서로 주고받는 것이다. 부부도 친구도 아버지와 아들도 대화해야 한다. 친밀감은 대화를 통해 더 깊어질 수 있기 때문이다.

하나님과 내가 얼마나 친밀한지 알 수 있는 방법은 네 가지다.

첫째, 내 마음에 하나님의 상像이 어떤지를 봐야 한다. 하나님의 성품과 하나님의 속성을 내가 어떻게 생각하는지를 보면 얼마나 친밀한지 알 수 있다. 아버지와의 관계가 친밀하지 않은 사람들은 하나님 아버지를 부를 때마다 육신의 아버지를 떠올린다. 그래서 요구하지 못하고 거리감을 느끼고 꾸중하는 사람으로 생각해서 다가가지 못한다. 하나님과의 관계를 생각하기 전에 하나님 앞에서 내가 자녀인지 종인지 신부인지 옆집 사람인지 동역자인지, 내 마음의 상이 무엇인지를 먼저 봐야 한다.

둘째, 내가 하나님을 어떻게 부르는지를 보면 알 수 있다. 처음 하나님을 알게 되면 '하나님'이라고 부른다. 그냥 '신'으로 생각한다. 그런데 알라도 신이다. 하나님을 신이라고 부른다는 것은 아직 관계가 멀다는 의미다. 좀 더 사이가 가까워지면 '여호와'라고 부른다. 여호와는 이스라엘 민족을 애굽에서 끌어내어 가나안까지 이끌어가셨던 하나님이다. 역사 속에서 운행하고 역사를 움직이시는 하나님, 그분이 여호와다. 그런데 '주님'이라는 호칭은 역사를 끌고 가는 하나님이 오늘 내 삶 가운데 와서 나의 주인이 되셨다는 뜻이다. 여기서 더 가까워지면 그 주님을 드디어 '내 아버지'로 부르게 된다.

셋째, 하나님을 사랑하는 마음이 자원하는 사랑인지를 보면 알 수 있다. 즉시, 온전히, 기쁘게 자원하는 마음이 내게 있는지 물어야 한다. 하나님을 사랑하는 이유가 하나님이 무서워서라거나 바라는 게 있어서라면 하나님과 더 많은 대화를 나눠야 한다. 친구 관계에서도 '내가 저 친구와 친해지면 얻을 것이 있겠지'라고 생각해서 이어가는 관계라면 그것은 동업자 관계다. 반대로 그냥 관계 자체가 좋아서 만난다면 친밀한 동역자 관계다. 하나님과의 관계도 마찬가지로 자원하는 사랑이 있어야 한다.

넷째, 골방에서 알 수 있다. 문을 닫고 단둘이만 관계하는 시간이 있는지 봐야 한다. 친한 사람일수록 단둘이 있고 싶어 한다. 단둘이 있는 것이 어색하고 불편하다면 친한 것이 아니다. 내가 지금 주님을 골방에서 만나고 있는지 봐야 한다.

묵상 meditation

요한삼서 1장 2절 사랑하는 자여 네 영혼이 잘됨 같이 네가 범사에 잘되고 강건하기를 내가 간구하노라

영이 잘됨 같이 범사가 잘되고 강건해진다고 말씀한다. 본질은 영의 문제라는 말이다. 하지만 육이 잘되면 혼이 잘된 것처럼 생각하고, 혼이 잘되면 영이 잘된 것처럼 생각하는 것은 문제다. 하나님은 사랑이지만 사랑이 반드시 하나님은 아니다. 마찬가지로 육이 잘된다고 해서 반드시 영이 잘된다고 할 수도 없다. 하지만 영이 잘되면 육이 잘되는 것은 무조건이다.

유대인들은 늘 육으로 영을 보았다. 그러나 육이 고난 가운데 있어도 그 영이 하나님 앞에서 더 풍성해질 수 있고 생명 관계를 할 수 있다고 하신다. 오히려 육을 쳐서 영에게 복종하게 하는 것이 하나님 앞에서 더 바른 일이다. 열매를 잘 맺으려면 나무가 좋아야 한다. 영이 바뀌어야 한다는 말씀이다. 혼이 아름답고 육이 강건한 것이 친밀함의 결과다. 영이 하나님과 친밀하려면 말씀 가

운데 있어야 한다. 말씀을 묵상해야 한다.

> 시편 1편 1~6절 복 있는 사람은 악인들의 꾀를 따르지 아니하며 죄인들
> 의 길에 서지 아니하며 오만한 자들의 자리에 앉지 아니하고 오직 여호
> 와의 율법을 즐거워하여 그의 율법을 주야로 묵상하는도다 그는 시냇가
> 에 심은 나무가 철을 따라 열매를 맺으며 그 잎사귀가 마르지 아니함 같
> 으니 그가 하는 모든 일이 다 형통하리로다 악인들은 그렇지 아니함이여
> 오직 바람에 나는 겨와 같도다 그러므로 악인들은 심판을 견디지 못하며
> 죄인들이 의인들의 모임에 들지 못하리로다 무릇 의인들의 길은 여호와
> 께서 인정하시나 악인들의 길은 망하리로다

말씀을 묵상하는 자는 악인의 꾀를 따르거나 죄인의 길에 서거나 앉지 않는다. 묵상meditation은 침묵이다. 악인이 죄인이 되고 죄인이 오만한 자로 발전하는데, 성경에서 말하는 악은 하나님을 모르는 것이다. 그리고 죄는 하나님을 알고 있지만 하나님 뜻에 순종하지는 않는다. '하마르티아'라고 하는 죄는 과녁을 빗나갔다는 뜻이다. 불순종이 과녁을 빗나가게 한다. 교만은 마음의 태도이고 오만은 겉으로 드러나는 행동이다. 오만한 행동은 하나님을 대적하는 교만에서 나온다. 그리고 죄가 점점 더 커진다.

'악인의 꾀'에서 꾀는 생각을 말한다. 생각이 하나의 길을 낸다. 이것이 가치관이다. 그런데 그 가치관이 아예 주저앉는 자리가 되면 이것이 세계관이다. 생각이 가치관이 되고 가치관이 세계관이 되어 버렸다. 그러고 나서 움직인다. 걷고 서고 앉는다. 하나님은 그것을 하지 말라고 말씀하신다. 대신 말씀을 묵상하라고 하신다.

하지만 죄는 움직이는 특성을 갖고 있어서 죄에 사로잡히면 무엇인가를 계속하고 있어야 한다고 생각한다.

신앙의 바른 순서는 앉고sit → 행하고walk → 대적하는 것stand이다. 신앙생활은 말씀 앞에 앉는 것부터 시작해야 한다. 그리고 성령과 더불어 걷고, 말씀으로 악한 영을 대적한다. 앉아 있을 때는 묵상만 하고 아무것도 하지 않는다.

묵상	명상
말씀 봄	비움
하나님에게 십중	나에게 집중
역사로 열매가 나타남	해탈

〈표 11〉 묵상과 명상의 차이

성경에서 말하는 묵상과 세상에서 말하는 명상은 다르다.

묵상은 말씀을 보지만 명상은 아무것도 보지 않고 계속 마음을 비운다. 묵상은 살아 있는 하나님을 보는데 명상은 반복하고 집중하고 암시한다. 묵상은 하나님에게 집중하는데 명상은 나에게 집중한다. 묵상은 하나님 앞에서 역사로, 열매로 나타나는데 명상은 해탈이 목적이고 역사에서 벗어난다.

묵상은 말씀을 기억하고 암송한다. 기억은 새김질이다. 말씀을 새김질함으로써 신앙이 되고, 생활이 되고, 체질이 되고, 생명이 된다. 말씀이 내 것이 되는 과정이 새김질이다. 말씀을 암송하는 이유는 새김질을 잘하기 위해서다. 유대인 교육의 특징을 나쁘게 말하면 철저한 세뇌다. 어렸을 때부터 무조건, 뜻을 몰라도 계속 말씀을 읽게 한다. 우리도 말씀을 암송하고 새김질하고 기억해야 한다. 어느 순간, 어떤 상황에서도 툭 튀어나올 수 있는 말씀이 있어야 한다. 말씀을 가지고 하는 기도와 말씀이 없이 하는 기도는 차원이 다르다.

친밀감의 단계

고린도전서 13장 1~3절 내가 사람의 방언과 천사의 말을 할지라도 사랑이 없으면 소리 나는 구리와 울리는 꽹과리가 되고 내가 예언하는 능력이 있어 모든 비밀과 모든 지식을 알고 또 산을 옮길 만한 모든 믿음이 있을지라도 사랑이 없으면 내가 아무 것도 아니요 내가 내게 있는 모든 것으로 구제하고 또 내 몸을 불사르게 내줄지라도 사랑이 없으면 내게 아무 유익이 없느니라.

내가 천사의 말을 한다 할지라도, 산을 옮길 만한 믿음이 있다 할지라도, 내 몸을 불사르게 내어줄지라도, 사랑이 없으면 아무것도 아니다. 하나님의 사랑은 세 가지 특징이 있다.

첫째, 사람의 지식과 의지와 감성을 초월한다. 주님이 먼저 나를 사랑하신 것이지 내가 먼저 하나님을 사랑한 것이 아니다. 내가 죄인 되었을 때, 내가 연약할 때, 내가 하나님을 대적할 때, 그리스도가 십자가의 보혈을 통해 그 사랑을 확증하셨다. 사람은 아무리 노력해도 먼저 사랑할 수 없는 존재다. 천사의 말을 하는 것은 의지, 산을 옮길 만한 믿음은 지식, 내 몸을 불사르게 내어주는 것은 감성이다. 이것을 초월해야 한다. 대단한 지식과 대단한 의지와 대단한 감성을 가지고 있다 할지라도 사랑이 없으면, 하나님이 없으면, 아무것도 아니다.

둘째, 사랑은 오래 참고, 온유하고 투기하지 아니하며, 자랑하지 아니하고, 무례히 행치 아니하고, 자기의 유익을 구하지 아니하고, 성내지 아니하고, 악한 것을 생각지 아니하고, 불의를 기뻐하지 아니하고, 기뻐하고, 인내하고, 믿고, 바라고, 견딘다. 사랑은 성품과 관련되어 있다는 의미다. 하나님은 지금도 사랑으로 살아 계신다. 하나님의 사랑은 초월적이어서 하나님이 나를 먼저 사랑하신다. 그 사랑은 밖에서 오늘 나에게 오셔서 온유함으로, 겸손함으로, 오래 참음으로 나타난다.

셋째, 하나님 사랑은 영원하다. 영원성은 온전하며 포괄적이다. 이미 주신 사랑을 계속해서, 앞으로도 영원히 보여주신다는 뜻이다. 그 사랑의 온전함과 완전함을 통해서 말하는 것, 깨닫는 것, 생각하는 것이 분명해지고 그것이 친밀함으로 나타난다. 사랑의 친밀함은 말로 생각으로 깨달음으로 점점 커지고 깊어진다.

하나님과 나의 관계는 종에서 자녀로, 자녀에서 후사로, 후사에서 친구로, 친구에서 부부로 점점 더 발전한다.

친밀도 / 구분	종	자녀	후사	친구	부부
의미	일하는 자	관계하는 자	기업 무를 자	함께하는 자	한몸을 이루는 자
단계	팔려온 종 - 대가 치른 종 귀뚫린 종 - 희년에 자유를 얻은 자로 자원한 종 기른 종 - 주인과 함께 자라난 종	작은아들 - 구하는 자 큰아들 - 일하는 자	향방 없이 가는 자 - 허공에 주먹질하 고 같지 자로 나아 가는 자 푯대를 향해 가는 자 - 뜻 · 소원 · 목적을 이루어 나가는 자	동업자 - 계산하고 계수하고 계량하는 자 동역자 - 함께 목적을 이루어 나가는 자	호세아의 고멜 - 부부이지만 마음과 몸이 따로 사는 자 솔로몬의 술람미 여인 - 부부로 영원히 하나를 이루어 가는 자

〈표 12〉 친밀감의 단계

첫째가 종의 관계다. 종에도 세 가지가 있다.

'팔려온 종'은 돈을 주고 대가를 치르고 데려온 종이다. 그 종은 자신의 몸값을 비싸게 쳐 준 주인에게 더 열심히 봉사한다. 팔려온 종은 은혜를 입은 자다. '나를 값을 치르고 사셨구나' 하는 생각 때문에 주인에게 충성한다. 모든 그리스도인들은 '예수님짜리'다. 예수님의 생명을 값으로 치르고 팔려온 사람들이기 때문이다.

다음은 '귀 뚫린 종'이다. 성경에 보면 희년이 되면 모든 사람이 해방된다. 이때 노예는 자유인으로 돌아가게 되는데 주인이 좋아서 귀를 뚫고 평생 그 주인을 섬기겠다고 자원한 종이 '귀 뚫린 종'이다. 스스로 선택한 주인이기 때문에 즉시, 온전히, 기쁘게 주인을 섬길 수 있다.

마지막은 '기른 종'이다. 기른 종은 주인과 하나 된 종이다. 기른 종은 어렸을 때부터 주인의 집에서 자랐고 주인과 함께 살았기 때문에 주인의 생각과 마음을 누구보다도 잘 안다. 성경 인물 가운데 아브라함과 그의 종 엘리에셀이 그런 관계였다. 그래서 이삭이 없었을 때 아브라함은 엘리에셀을 후사로 삼으려고 했다. 하나 된 종이었기 때문이다. 종과 주인이 한 몸이다. 창세기 14장 14절에 보면 아브라함에게는 집에서 기르고 훈련된 자 318명이 있었다. 사라가 만국의 어머니가 될 수 있었던 것도 이삭을 낳기 전에 고아 318명을 길러 봤기 때문이다. 그만큼 아브라함이나 사라는 대단한 사람이었다. 그러나 엘리에셀이 그런 주인과 아무리 하나가 되었다고 해도 자녀가 될 수는 없다.

둘째는 자녀 관계다. 종이 아무리 주인과 하나가 되었다 해도 자녀와는 비교가 되지 않는다. 종과 자녀는 다르다. 집안에 할 일이 쌓였는데 주인이 종에게 '너는 가서 좀 쉬어라' 하면 그 종은 아마도 '내가 주인에게 잘못 보였나 보다. 좀 더 열심히 일할 걸' 하고 생각한다. 그런데 자녀는 '이게 웬 떡이냐. 너무 신난다' 하면서 놀러 나간다. 자녀에게는 아버지와 관계가 끊어지지 않는다는 믿음이 있기 때문이다. 기독교인 중에는 신앙 생활을 종처럼 하는 사람들이 많다. 직분을 받은 자들은 일하지 말고 쉬라고 하면 잘렸다고 생각한다. 자녀 중에도 돌아온 탕자 이야기에 나오는 큰아들 같은 사람이 있고 작은아들 같은 사람이 있다. 작은아들은 집 나간 아들이고, 큰아들은 자기가 종이라는 생각으로 매일 일만 하는 아들이다. 이런 자녀는 계속 아버지에게 요구한다. '이것이 필요합니다. 저것을 해 주세요. 왜 쟤는 저렇게 해 주고 나는 이렇게 밖에 안 해주시나요?' 하면서 끊임없이 불평한다.

셋째는 하나님과 친밀한 관계인 후사다. 자녀는 부모에게 자신이 원하는 것을 요구하지만, 후사는 아버지의 뜻과 소원과 목적을 찾아 이루며 살아간다. 어렸을 때는 부모님에게 세배하고 세뱃돈을 받지만, 어른이 되면 오히려 부모님에게 세배하고도 용돈을 드려야 한다. 이전에는 하나님에게 이것저것 해달라고 요구했던 자녀였다면, 이제는 내가 하나님의 뜻과 소원과 목적을 향해 가겠다고 하며, 아버지가 원하시는 삶을 살아가는 아들인 후사가 된다. 후사는 기업 무를 자로 아버지의 가업을 이어받는 사이기도 하다. 그런데 후사 중에도 방향 없이 가는 후사가 있고, 푯대를 향해 가는 후사가 있다. 아버지의 뜻과 소원과 목적을 알고 기업 무를 자인 것도 알지만 어디로 가야 할지 모르는 사람은 방향 없이 허공에다 주먹질하고 갈지 자로 가는 사람이다. 우리는 푯대를 향해 정확하게 가는 아들이 되어야 한다.

넷째는 친구 관계다. 친구 관계는 자녀보다 더 친밀한 관계다. 그 이유는 아버지와 아들은 상하관계지만 친구는 동등한 관계이기 때문이다. 그래서 더 친밀해질 수 있다. 친구 관계도 동업자와 동역자, 두 가지다. 동업자는 같이 일하면서 7:3, 5:5 하는 식으로 계속해서 계산한다. 이익이 남을지 남지 않을지를 따지는 것이 동업자의 관계다. 하나님과는 동업하면 안 되고 동역해야 한다. 동역자와는 이익이 아니라 목적이 중요하다. 그래서 목적을 위해 내가 희생할 수도 있는 관계다. 3:7로 해도 되고, 1:9가 되어도 상관없다고 생각하는 것은 함께 이루어야 할 더 큰 목적이 있기 때문이다.

다섯째는 부부관계다. 친구보다 더 친밀해지면 부부와 같은 관계가 된다. 부부야말로 진정으로 하나 되는 관계다. 한 몸이 된다. 그래서 신랑이신 예수 그리스도와 신부인 나라고 말씀한다.

부부관계에도 두 가지가 있다. 호세아와 고멜의 관계가 있고, 아가서에 나오는 솔로몬과 술람미 여인의 관계가 있다. 호세아의 아내 고멜은 늘 집을 나가는 여자였다. 친밀한 관계를 갖고 있으면서도 집을 나가서 다른 남자를 만났다. 반면에 솔로몬과 술람미 여인은 성경 안에서 가장 친밀한 관계를 보여준다. 극도로 친밀한 부부 관계를 사랑의 편지로 써 내려간 말씀이 아가서 말씀이다.

시편 46편 10절   너희는 가만히 있어 내가 하나님 됨을 알지어다

하나님을 사랑하는 일 자체가 사역이고, 하나님과 부부의 관계로까지 친밀해지는 것이 우리 인생의 목적이며 우선순위다.

주제별
성경연구

8부

기도

요한복음 15장 7절 너희가 내 안에 거하고 내 말이 너희 안에 거하면 무엇이든지

원하는 대로 구하라 그리하면 이루리라

기도의 정의

요한복음 15장 7절에서는 기도의 정의와 기도의 신순환에 대해 설명한다.

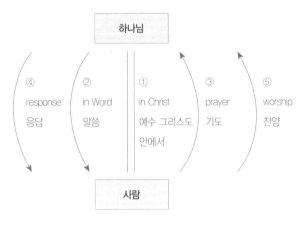

<그림 6> 기도의 선순환

'너희가 내 안에 거하고'는 예수 안에in Christ, 즉 하나님의 자녀라는 의미다. 그리고 '내 말이 너희 안에 거하면'은 즉 '말씀이 우

리 안에 있다in Word'라는 의미다. 그렇다면 '무엇이든지 원하는 대로 구하라prayer'는 즉, 기도하라는 의미다. 성경에서, 특별히 신약에서는 '구하라'가 '기도하라'는 말로 통용된다. 기도하면 하나님이 응답response해 주신다고 말씀한다. 응답받은 사람은 하나님이 하신 일을 간증하고 찬양하고 예배worship하는 자가 된다. 이것이 기도의 선순환이다.

기도의 순서는 ① 예수 안에in Christ ② 말씀 안에in Word ③ 기도하고prayer ④ 응답받고response ⑤ 경배하는worship것이다. 그런데 사람들은 ③번의 기도를 먼저 하려고 한다. 이 기도는 내가 원하는 기도를 하기 때문에 나의 한과 나의 욕심과 나의 야망으로 기도하게 된다. 한은 과거에 풀지 못한 응어리이고, 욕심은 다른 사람과 비교해서 자신이 더 가지려는 마음이다. 야망은 다른 사람과 경쟁하려는 마음이다. 이런 기도는 정과 욕으로 구하는 기도다. 하나님의 말씀 하나를 붙잡고 하는 기도가 아니라 자기 마음과 하나님을 향한 마음이 서로 싸우며 하는 기도다. 어떤 마음으로 기도해야 할지 결정하지 못하고 내 마음과 하나님의 마음, 두 마음으로 하는 기도다.

우리는 선순환의 기도를 해야 한다. 기도는 먼저 내가 하나님의 자녀라는 걸 고백하고 자녀에게 주신 말씀과 사랑의 언어로 해야 한다. 말씀과 언어를 내 삶 속에 적용하는 구체적인 모습이 바로 기도다. 하나님과 기도로 대화하면서 친밀한 관계로 나아간다. 하나님 자녀라는 자기 정체성이 분명한 사람은 가장 먼저 하나님 말씀을 경청한다. 그런데 기도의 과정을 모르는 사람들은 기도의 방법만 배우려 한다. 기도할 때 먼저 하나님을 부르고, 그다음에 회개하고, 필요한 것을 구하고, 예수 그리스도의 이름으로 기도한다고 말하면 된다고 착각하는 것이다.

기도하기 전에 내가 하나님의 자녀이고 사랑의 약속을 받은 사람이라는 것을 자각해야 한다. 이런 자각이 있어야 말씀과 기도로 거룩해진다. 말씀과 기도는 하나다. 기도는 말씀에 대해 우리가 반응하는 신앙 고백이다. 말씀이 없는 사람은 기도할 수 없다. 더 정확하게 말하면 자신이 하나님의 자녀라는 자기 정체성을 모르는 사람은 기도할 수 없다. 자신이 무엇을 원하는지 무엇을 구해야 하는지조차 모를 수도 있다.

기도의 응답

기도 응답에도 믿음의 응답과 현실의 응답이 있다. 믿음의 응답은 말씀으로 하나님이 이루어주신다는 확신을 주는 것이다. 이 믿음의 응답이 실제로 현실에서 나타나는 것이 현실의 응답이다. 이 두 응답 사이에는 시간의 간격이 있다.

창세기 22장 4절 제삼일에 아브라함이 눈을 들어 그 곳을 멀리 바라본 지라 ← 아브라함의 시험

사도행전 9장 9절 사흘 동안 보지 못하고 먹지도 마시지도 아니하니라 ← 바울의 회심

사도행전 10장 40절 하나님이 사흘 만에 다시 살리사 나타내시되 ← 예수님의 부활

다니엘서에는 다니엘이 기도했더니 21일 후에 천사가 나타났다는 말씀이 나온다.

다니엘 10장 13절 그런데 바사 왕국의 군주가 이십일 일 동안 나를 막았으므로 내가 거기 바사 왕국의 왕들과 함께 머물러 있더니 가장 높은 군주 중 하나인 미가엘이 와서 나를 도와주므로

아브라함은 기도 응답이 실제로 현실에서 이루어지기까지 25년이라는 시간이 걸렸다. 75세에 아들을 주시겠다는 '믿음의 응답'을 받았는데 25년이 지나서야 '현실의 응답'으로 나타났다. 믿음의 응답은 마음의 확신이다. 그 믿음의 확신이 실제로 현실이 되기 위해 필요한 것은 나의 죽음이다. 왜냐하면 그 기도의 응답이 나로부터 시작하는 것이 아니라 하나님에게서 왔다는 고백이 필요하기 때문이다. 내가 죽는 시간, 내가 죽어야 하는 시간, 내가 아무것도 할 수 없다고 고백하는 시간이 있어야 그 응답이 내 것이 아니라 하나님의 것이 될 수 있다. 죽음을 통과해야만 하나님의 역사하심을 간증하는 증언자가 되고, 온전히 주님을 찬양하는 예배자가 될 수 있다.

사람들이 하는 간증 대부분은 90퍼센트는 자기 이야기이고 그 나머지를 약간의 도움을 주신 하나님 이야기로 채운다. 왜냐하면, 믿음의 응답을 자기가 결정하고 자기 힘으로 일해 버렸기 때문이다. 이삭을 낳아야 하는데 이스마엘을 낳는다. 자기가 만들어낸 일이니 간증도 자기가 주인공이다. 하나님은 믿음의 응답을 주셨는데 기다리지 못하고 자기가 만들어낸 현실의 응답을 덥석 잡아 버린다. 그리고는 하나님이 주셨다고 착각한다. 간증하고 찬양하고 예배하는 곳에서 하나님은 늘 옆에 있는 분이거나 단역extra 같은 분일 뿐 주인공은 늘 자신이다. 아브라함처럼 완전히 자아가

죽어야 이삭을 낳을 수 있다. 도저히 아이를 낳을 수 없다고 고백해야 그 아이가 내 아이가 아니고 하나님의 아이, 하나님의 씨라고 간증할 수 있다.

창세기 12장 1~2절에는 '여호와께서 아브람에게 이르시되 너는 너의 고향과 친척과 아버지의 집을 떠나 내가 네게 보여 줄 땅으로 가라 내가 너로 큰 민족을 이루고 네게 복을 주어 네 이름을 창대하게 하리니 너는 복이 될지라'라는 말씀이 나온다. 이 말씀이 온전히 성취된 것은 예수 그리스도를 통해서다 마태복음 1장 1절 아브라함과 다윗의 자손 예수 그리스도의 계보라. 아브라함은 예수님보다 2,000년 전에 살았던 사람인데 그 말씀이 오랜 시간이 지난 후 예수 그리스도로 말미암아 온전히 성취되었다.

말씀을 품고 있던 아브라함은 그 말씀을 새김질하고 또 새김질했다. 그리고 삶 가운데 현실로 나타나는 것이 무엇인지 찾았다. 이런 기도가 말씀을 추적하는 삶이다. 그가 하나님이 주신 말씀을 파고들어 찾아보며 기도하는 과정에서 '내 삶 속에서 큰 민족을 이루고, 이름을 창대하게 하고, 복이 된다고 말씀하셨는데 그러려면 나에게 씨가 있어야 합니다. 아들을 주시옵소서'라는 기도제목이 만들어졌다. 말씀의 묵상을 통해 현실의 필요를 채워가는 과정이 기도의 열매다.

하나님에게 아들을 달라고 기도하는 다른 사람도 있을 것이다. 형식으로는 아브라함의 기도제목과 다르지 않다. 하지만 자신의 한과 욕심과 야망으로 아들을 달라고 하는 기도와 하나님의 약속을 통해 아들을 달라고 하는 기도는 다르다. 왜냐하면, 아브라함의 아들은 100퍼센트 하나님이 주시겠다고 이미 약속하셨기 때문이다.

요한복음 15장 7절 무엇이든지 원하는 대로 구하라 그리하면 이루리라

하나님의 자녀로, 약속을 기반으로 한 기도는 100퍼센트 이루어
진다. 약속하신 하나님은 신실하신 분이기 때문이다. '나도 기도하
는데 내 기도는 왜 안 들어주실까?' 하며 하나님은 응답하지 않는
분이라고 생각하는 사람들이 있다. 하지만 응답은 말씀을 품고 기
도하는지 그렇지 않은지에 따라 달라진다. 내 믿음으로나 아브라
함의 신념과 믿음으로 아들을 낳은 것이 아니다. 하나님의 말씀과
성품에 의지해서 기도해야 한다.

하나님은 아브라함이 완전히 힘이 다 빠졌을 때, 도저히 아들을
낳을 수 없다고 포기했을 때 비로소 현실의 응답을 주셨다. 언제나
그러셨다. 힘이 남아 있으면 아브라함처럼 자기 꾀로 이스마엘 같
은 아들을 낳는다. 이스마엘도 하나님이 믿음의 응답으로 주셨다
고 생각하지만 결국 영의 아들이 아니라 아브라함 자신의 아들, 육
신의 아들이었다. 동서남북이 다 막혀 있을 때 하늘의 문이 보이기
시작하고, 하늘의 소리를 듣고 하늘의 응답을 기다릴 수 있다.

그래서 예수그리스도 안에서, 말씀 안에서, 기도하고, 응답받
고, 찬양하는 것이 기도다. 말씀을 품고 하나님 앞에 구하는 것이
기도의 선순환이다. 기도란 간단히 말해서 결국 말씀이며, 하나님
과 친밀한 생명 관계를 세워 나가는 과정이다.

말씀을 추적하는 삶

한나의 기도로도 기도의 단계를 알 수 있다_{사무엘상 1장}. 한나가 기도로 낳은 아들이 사무엘이다. 사무엘은 최고의 중보기도자이고, 기도하는 사람의 대표 격인 인물이다.

한나의 기도를 네 단계로 이해할 수 있다.

첫째, 한나의 기도는 말씀을 새김질했다. 한에서 나오는 하소연이 아니었다. 그런데 한나의 인생은 파란만장했다. 한나의 남편 엘가나에게는 두 명의 부인이 있었다. 한나에게는 아이가 없는데 브닌나에게는 아이가 있었다. 한나는 하나님에게 자신이 얼마나 설움을 당하고 있는지, 자신을 업신여기는 브닌나를 어떻게 해달라든지 하는 하소연의 기도를 할 수 있었다. 그런데 한나는 하나님에게 아들을 드리겠다고 서원의 기도를 했다. 말씀을 가지고 하나님에게 헌신하겠다고 맹세하는 기도다. 그때 하나님은 엘리 제사장을 통해 응답하셨다.

둘째, 한나의 기도는 삶의 자리에서 말씀을 적용했다. 엘리 제사장의 말을 하나님의 음성으로 듣고 '아멘' 하고 돌아간 한나는 말씀을 새김질하며 바로 삶에 적용했다. 만약 한나가 계속 염려와 두려움 속에서 아이를 가졌다면 아마도 사무엘은 정서가 불안한 아이로 태어났을 것이다. 하지만 말씀을 적용한 한나의 마음은 평안했다. 사무엘은 마지막 사사이자 첫 번째 선지자였고, 이스라엘 건국의 왕이었던 사울과 다윗을 안수했던 사람이다. 그는 평화의 사도였다.

셋째, 한나의 기도는 말씀을 추적하는 삶이었다. '이루어지겠지' 하면서 막연하게 인내하거나 조급해하지 않고, 계속해서 말씀을 추적하는 삶을 살았다. 기도는 무릎 꿇고 눈을 감고 '아, 이렇게 나에게 말씀하시는구나!' 하고 끝나는 것이 아니라 그때부터 기도가 다시 시작되는 것이다. 한나의 기도는 사무엘을 제사장에게 드리는 것까지가 기도의 완성이었다. 만약 한나가 아들을 드리겠다고 기도하고 말씀을 새김질하고 적용해서 아들을 낳았지만, 아이를 드릴 수 없다고 했다면 그 기도는 끝난 것이 아니다. 말씀을 추적하는 삶은 마침표를 찍어야 비로소 완성된다.

넷째, 기도는 골방에서만 하는 것이 아니다. 일상의 삶 가운데서 매 순간 기도해야 한다. 말씀이 우리 삶 가운데서 어떻게 적용되는지, 어떻게 나타날지를 계속 추적하는 삶의 태도다.

예를 들어 어떤 사람이 천만 원이 필요하다며 나에게 기도 부탁을 했다. 그래서 기도했더니 하나님이 천만 원을 주시겠다고 응답하셨다. 정확한 날짜까지 말씀해 주셨는데 막상 말을 해주려니 두려운 마음이 들었다. 왜냐하면, 앞에서 설명한 말씀을 추적하는 기도의 원리 때문이다. 만약 약속한 날짜에 천만 원을 주시지 않으면 내가 그 돈을 줘야 할 수도 있기 때문이다. 말씀을 추적하는 삶은 내가 대가를 치르겠다는 의미다. 하나님은 나를 통해서도 일하시는 분이다. 나는 주신 말씀을 추적하는 삶으로 살도록 만들어진 사람이다.

기도는 계속 말씀을 묵상하고 그 말씀을 현재 삶 속에서 적용하게 한다. 하나님이 어떻게 일하시고 나에게 어떤 헌신을 요구하시는지를 끊임없이 찾게 한다.

기도의 차원

　기도에도 차원이 있다. 하나님 앞에서 하는 기도가 있고, 예수 그리스도 앞에서 하는 기도, 성령 앞에서 하는 기도가 있다. 하나님 앞에서 하는 기도는 골방기도다. 예수 그리스도 앞에서 하는 기도는 중보기도다. 성령을 통해서 하는 기도는 생활기도다.

하나님 앞에서	골방기도	① 문을 닫고(마 6장/은밀하게) - 단절, 가지치기, 부부의 관계성
		② 듣고 - 귀를 기울이는 것
		③ 구하는 것 - 나를 보는 것
예수님 앞에서	중보기도	① 동화 - 체휼하심, 똑같이 느끼는 것
		② 고통 - 체휼하심을 통해서 - 권위 생김
		③ 권위 - 권위를 통해서 선포(딤전 2:1) - 기도 - 공식적인 것 　간구 - 급한 것 　도고 - 남을 위한 것 　감사 - 항상 해야 할 것
성령님 앞에서	생활기도	무시로, 항상, 깨어서 - W.W.J.D.(What Would Jesus do?) 호흡하는 기도 - 성령이여 어서 오시옵소서 / 내 죄를 용서하여 주시옵소서

〈표 13〉 기도의 차원

하나님 앞에서 하는 골방기도는 문을 닫고 한다. 마태복음 5장에서는 등불을 등경 위에 올려 두라고, 빛을 드러내라고 말씀하는데 6장에서는 '은밀하게, 은밀하게, 은밀하게' 하라고 말씀하신다. 골방 문을 닫으면 모든 것과 단절된다. 이렇게 가지치기를 해야 한다. 골방기도는 신랑과 신부의 관계, 부부 관계를 하는 시간이기에 문을 열면 안 된다. 이것이 골방기도의 첫 번째 원리다.

또 골방기도는 듣는 기도다. 하나님이 무슨 말씀을 하시는지 귀를 열어 듣고, 하나님을 보고, 나를 본다. 하나님은 누구이고 나는 누구인지 정체성을 묻고 듣는다. 하나님은 사랑과 긍휼을 베푸시는 분이고, 나는 은혜와 사랑과 긍휼이 필요한 사람이다.

어느 수도원장은 온종일 기도하는 것으로 아주 유명했다고 한다. 수도사들이 어떻게 하루 내내 기도할까 놀라워했는데 수도원장의 기도 내용은 '하나님'과 '나' 딱 두 가지였다. '하나님은 사랑이십니다', '나는 사랑이 필요한 사람입니다', '하나님 누구십니까?', '나는 누구입니까?' 이렇게 존재의 기도만 했다. 정체성을 묻는 기도는 이렇게 문을 닫고 듣고 보아야 한다.

예수 그리스도 앞에서 하는 중보기도는 상대방의 상태에 동화되거나 체휼하는 것, 즉 상대방과 똑같이 느끼는 것이다. 예수 그리스도는 지금도 우리를 위해 중보하신다. 우리도 예수 그리스도와 같이 중보기도를 하는데, 이것을 통해 몸으로 상대방의 아픔을 비롯한 모든 감정을 느낀다. 그의 처지를 이해하며 그의 고통 가운데 들어간다. 이 고통을 몸으로 통과할 때 권위가 생긴다. 세워진 권위로 선포하는 것이 중보기도다.

디모데전서 2장 1절에는 '기도와 간구와 도고와 감사로 할지어다'라는 말씀이 있다. 기도에는 공식적인 기도가 있고, 간구는 급한 기도이고, 도고는 남의 필요를 구하는 기도이고, 감사는 일상을 감사하는 마음으로 드리는 기도다. 이 네 가지 기도를 하나님이 주신 권위를 가지고 선포하는 것이 바로 중보기도다.

『중보기도자 리즈 하월즈』라는 책에서는 리즈 하월즈가 중보기도자가 되는 과정을 신앙의 단계별로 보여준다. 그가 한 폐병 환자를 살려달라고 기도하는데 그 사람이 죽었다. 그의 기도를 하나님이 들어주시지 않았다. 그런데 다음날, 그는 그 폐병 환자의 아픔을 자기 몸으로 느끼는 경험을 하게 되었다. 죽음 직전까지 가는 고통을 느끼고 그 고통을 통과하고 나자 그 뒤로는 폐병 환자를 위해 기도할 때마다 환자들이 낫는 역사가 일어났다. 이것이 동화와 체휼로 얻게 된 중보기도자의 권위다. 병자를 고치는 은사를 받은 사람들 대부분은 체휼하는 고통을 통과한 사람들이다.

중보기도에도 선물로 주신 기도와 은사로 주신 기도 두 가지가 있다. 고아의 아버지 조지 뮬러는 병자를 위해 기도할 때는 가끔만 나았다고 한다. 선물로 주신 기도다. 그런데 고아를 위해 기도할 때는 100퍼센트 응답을 받았다고 한다. 이것이 바로 은사로 주신 기도다. 조지 뮬러는 먹을 것이 달랑 빵 하나뿐이어서 그 빵을 먹으면 살고 먹지 않으면 죽는 상황이었는데도 그 빵을 아들에게 주지 않고 고아에게 주었다. 자기 아들의 목숨까지 버리면서 고아에게 빵을 줬더니 그때부터 고아들을 위해 기도할 때마다 기도의 능력이 시작되었다. 중보기도의 자리는 고통을 통과한 사람들이 차지한다. 성경에 나오는 대표적인 중보기도자는 모세와 바울이다.

출애굽기 32장 32절 그러나 이제 그들의 죄를 사하시옵소서 그렇지 아니하시오면 원하건대 주께서 기록하신 책에서 내 이름을 지워 버려 주옵소서

이 말씀은 하나님 앞에서 백성들을 위해 자기 이름이 하나님 책에서 지워지는 고통을 감수하겠다는 고백이다. 사도바울도 모세와 똑같은 기도를 한다.

로마서 9장 3절 나의 형제 곧 골육의 친척을 위하여 내 자신이 저주를 받아 그리스도에게서 끊어질지라도 원하는 바로라

이사야 선지자도 포로들의 고통 가운데로 들어간다.

이사야 20장 4절 벗은 몸과 벗은 발로 볼기까지 드러내어 애굽의 수치를 보이리니

호세아는 불의한 아내 고멜을 받아들여서 그 인생의 메시지를 사람들 앞에서 전한다.

호세아 1장 2절 여호와께서 처음 호세아에게 말씀하실 때 여호와께서 호세아에게 이르시되 너는 가서 음란한 여자를 맞이하여 음란한 자식들을 낳으라

하나님은 고통을 체휼하는 과정을 통과할 때마다 그들에게 권위

를 주셨다.

성령 앞에서 하는 생활기도는 무시로 또는 항상 깨어서 하는 것이다. 생활기도의 내용은 W.W.J.DWhat Would Jesus do?, '예수님이라면 어떻게 하셨을까?'이다. 어떤 사건이나 상황 속에서 예수님이라면 어떻게 하셨을지를 생각하며 삶 속에서 말씀을 추적하는 기도다. 날마다 숨 쉬는 순간마다 주님에게 묻는다. 그래서 생활기도는 성령 앞에서 하는 호흡기도이기도 하다. 숨을 들이마실 때마다 '성령이여 어서 오시옵소서' 하고, 숨을 내쉴 때마다 '내 죄를 용서하여 주시옵소서'라고 고백하는 기도다.

골방기도에서 중보기도로, 중보기도에서 생활기도로 발전해 가야 한다. 교회 안에는 이 세 가지 기도가 다 있어야 한다. 그런 교회가 건강한 교회다.

기도의 순서

마가복음 11장 23절 말하는 것이 이루어질 줄 믿고 마음에 의심하지 아니하면 그대로 되리라

마가복음 11장 12절부터 14절에는 주목할 만한 사건이 나온다. 예수님이 제자들과 함께 예루살렘에 들어가셨을 때 갑자기 시장기를 느꼈다. 그래서 무화과나무를 봤는데 열매가 없으니 바로 저주하셨다. 무화과나무에 열매가 열리는 시기도 아니었는데 말이다. 그런데 성전에 들어가셨다가 나왔더니 저주대로 정말 무화과나무가 말라 있었다. 무화과나무의 처지에서 보면 너무나 억울한 일일 것이다. 그러나 예수님은 무화과나무 사건을 통해 기도가 무엇이고, 어떻게 기도해야 하며, 어떤 순서로 해야 하는지를 가르치셨다.

첫째, 기도는 하나님을 믿는 것에서 시작한다. '예수께서 그들에게 대답하여 이르시되 하나님을 믿으라 마가복음 11장22절'. 이 말씀은 하나님이 세상을 창조했고 세상을 움직이신다는 것을 믿는 믿음으

로 기도가 시작된다는 의미다.

둘째, 기도는 말이다.

로마서 10장 10절 사람이 마음으로 믿어 의에 이르고 입으로 시인하여 구원에 이르느니라.

로마서 말씀에도 우리가 하는 말은 다 사망에 이르는 말밖에 없는데 기도는 하나님의 말씀을 다시 우리의 입으로 시인하는 말이라고 되어 있다. 말씀을 다시 시인하는 것은 말씀의 새김질이다. 말씀의 부흥 revival이다. 말씀이 다시 일어나는 것이다. '내가 진실로 너희에게 이르노니 누구든지 이 산더러 들리어 바다에 던져지라 하며 그 말하는 것이 마가복음 11장 23절'라는 말씀에서 '이 산더러 들리어 바다에 던져지라 하며'는 그 당시의 숙어를 인용한 것으로, '불가능은 없다'라는 뜻이다. 이는 내가 어떤 말을 사망의 말만 하는 사람이라도 하든 하나님의 말씀이기 때문에 반드시 이루어진다는 말이다. 하지만 생각해 보자. 기도를 열심히 하고 돌아서면서 마음속으로는 '이게 되겠어?'라고 생각하지는 않았는지. 그런 마음이 들면 그 믿음대로 된다. '되겠어?'는 안 될 것이라는 데 더 마음이 쏠려 있는 생각이다. 하나님 말씀은 계속 새김질하고 하나님의 것을 이야기할 때 믿어진다. 따라서 기도는 내 믿음이 아니라 반드시 이루어주시겠다는 하나님의 믿음으로 이루어진다.

셋째, 기도는 하나님을 신뢰하는 것이다. '그러므로 내가 너희에게 말하노니 무엇이든지 기도하고 구하는 것은 받은 줄로 믿으라'라는 말씀에 '믿음'은 굳게 믿고 의지하라는 뜻의 '신뢰하라'이다. 약속을 반드시 이루어주시는 분이라는, 하나님의 성품을 신뢰해야 한다. 하나님의 능력이 아니라 성품에 기대고 있으면 당장 이루어지지는 않아도 하나님은 신실하시고 사랑이시니 하나님의 시간에 반드시 이루어진다. 그것도 내게 가장 좋은 시간에 응답해주신다.

아브라함이 하나님을 능력의 하나님으로만 생각했다면 절대 이삭을 드릴 수 없었을 것이다. 사람을 제물로 드리는 것은 당시 이방 신 몰렉을 믿는 이방 종교의 제사였다. 그런데 이삭은 하나님이 주신 생명이었다. 줬다가 도로 빼앗을 거라면 왜 주셨냐고 계속 따져 묻는다면 그 신을 믿을 수 없다. 그런데 아브라함은 하나님의 성품을 신실하고, 미리 준비하는 분이며, 자신이 알고 있는 것보다 더 풍성하게 주는 분이라고 신뢰했기 때문에 아들을 데리고 모리아 산으로 올라갔다.

하나님 앞에서 기도하는 것 자체가 하나님을 신뢰한다는 표현이다. 다르게 말하면 하나님과 그만큼 친밀하다는 것이고, 사랑으로 관계하고 있다는 의미다. 기도는 사랑으로 시작하고 사랑으로 끝난다. 하나님을 천 원을 넣으면 음료수 캔이 나오는 자판기 처럼 생각하거나, 착한 일을 한 대가로 선물을 주는 산타클로스 할아버지로 생각해서는 안 된다. 그런데 사람들 대부분은 산타클로스 할아버지의 성품에는 관심이 없고 메고 다니는 보따리에만 관심이 있다. 우리가 하나님의 보따리에만 관심을 두면 우리도 모르게 하나님을 다른 하나님으로 바꿔치기해서 믿을 수도 있다.

넷째, 기도의 끝은 용서다. '서서 기도할 때에 아무에게나 혐의가 있거든 용서하라 그리하여야 하늘에 계신 너희 아버지께서도 너희 허물을 사하여 주시리라_{마가복음 11장 25절}'. 기도는 하나님이 내 인생의 주인인 것을 인정하고 말씀을 신뢰하며 용서의 열매를 맺어야 한다. 기도는 사랑으로 하는 약속이고 사랑의 속삭임이다. 그렇기에 기도는 사랑의 속성인 용서의 열매가 맺혀야 한다. 용서의 열매가 나타나는 것이 기도의 완성이다.

8부 기도

주제별
성경연구

9부

우선순위

누가복음 9장 23~27절 또 무리에게 이르시되 아무든지 나를 따라오려거든 자기를 부인하고 날마다 제 십자가를 지고 나를 따를 것이니라 누구든지 제 목숨을 구원하고자 하면 잃을 것이요 누구든지 나를 위하여 제 목숨을 잃으면 구원하리라 사람이 만일 온 천하를 얻고도 자기를 잃든지 빼앗기든지 하면 무엇이 유익하리요 누구든지 나와 내 말을 부끄러워하면 인자도 자기와 아버지와 거룩한 천사들의 영광으로 올 때에 그 사람을 부끄러워하리라 내가 참으로 너희에게 이르노니 여기 서 있는 사람 중에 죽기 전에 하나님의 나라를 볼 자들도 있느니라

하나님의 시간

시간에는 사람의 시간이 있고, 하나님의 시간이 있다. 사람의 시간 안에서 하나님의 시간을 이해하는 열쇠가 되는 말 두 가지가 있다.

첫째는 '때가 차매'이다. 밑이 보이지 않을 만큼 깊은 독도 물이 임계점에 이르면 넘치듯 시간도 어느 정도 양이 차면 임계점에 다다른다. 하나님의 순서에 따른 시간, 일상의 시간크로노스이 채워지면 질적인 변화가 일어나는 순간이 있다. 그래서 기도가 채워져야 한다. 때가 차는 과정을 겪지 않으면 전도서 말씀처럼 모든 것이 헛되고 헛된 의미 없는 시간이 되어 죽어가는 시간으로 사용하게 된다.

둘째는 '다 이루었다'이다. 예수님이 십자가에서 마지막으로 하신 말씀이다. 이것은 완성되는 시간이자 종말론적인 시간을 의미하며, 내가 절대로 이루지 못하는 미완성의 시간이기도 하다.

인간의 시간	하나님의 시간
크로노스kronos	카이로스kairos
순서적인 시간, 똑같은 가치, 시간이 우리 삶을 지배함	적절한 시간, 질적인 가치 기회를 포착해야 함

〈표 14〉 시간의 종류

기회의 신, 제우스의 아들 카이로스는 날개가 다리에 있고, 머리카락이 앞에 있고, 뒷머리는 대머리다. 그래서 기회가 와도 알아차리기 힘들고, 알아차렸어도 대머리여서 잡기 어렵다. 하나님도 미완성이 되지 않도록 깨어서 기회를 잡으라는 뜻을 '세월을 아끼라'라는 말로 표현하셨다. 늘 하나님이 어떻게 말씀하시는지 하나님의 뜻과 소원과 목적을 우선으로 물어야 한다. 우선순위를 알아서 '크로노스의 시간' 안에서 '카이로스의 시간'을 살라는 뜻이다. 예수님은 제자들을 가르치면서 늘 어떻게 살아야 하는지, 시간의 주인이 누구인지를 물으셨다. 예수님이 시간의 주인이라는 것을 계속 상기시킨 것이다. 따라서 흐르는 시간에 인생을 맡기지 말고 의미 있는 일을 생각하며 꾸준히 해나가야 한다. 하나님 나라는 때가 차고 기도가 차야 이루어진다.

하나님 나라의 시간과 공간과 법은 세상의 것과는 다르다. 하나님의 시간은 '안식일'이었고, 하나님의 공간은 몸의 '할례'였다. 안식일을 지켜야 하나님의 뜻을 받고 하나님의 일을 할 수 있었다. 또 할례를 받아야만 하나님의 일을 할 수 있는 몸이 될 수 있었다. 안식일을 지키고 할례 받은 몸의 흔적을 가지고 살아야 참된 이스라엘 백성이 될 수 있었다. 그런데 예수님이 오시자 하나님의 시간은 안식일이라는 정해진 시간을 넘어 모든 시간이 되었다. 왜냐하면 그 시간 너머에 있는 예수 그리스도가 영원한 현재가 되셨기 때문이다. 할례도 마찬가지다. 몸의 흔적은 마음의 할례, 마음의 흔적으로 바뀌었다. 육적인 이스라엘에서 영적인 이스라엘이 되었기 때문이다. 그래서 예수님은 안식일을 지키는 문제를 두고 바리새인들과 사두개인들과 싸우셨고, 사도 바울도 할례의 개념을 두고 논쟁한 것이다.

예수님의 시간

예수님의 모든 사역은 십자가라는 목적을 향해 나아갔다. 시간의 주인이라는 말은 예수님이 분명한 목적을 가지고 사셨다는 의미다. 주님의 사역은 가르치고teaching, 선포하고proclaiming, 치유healing하는 것이었다. 하지만 이 세 가지 사역은 주님의 목적이 아니었다. 위대한 스승이었지만 선생님으로 남지는 않으셨다. 위대한 설교자였지만 지역의 목회자로 남지도 않으셨다. 위대한 치유자였지만 의사로 남지도 않으셨다. 그 사역들은 십자가를 이루기 위한 도구였을 뿐이다. 주님은 십자가라는 목적이 있는 삶을 사셨다. 십자가를 이루기 위해 모든 것을 포기하셨다.

예수님은 시간의 주인으로 사셨다. 사람의 몸을 입은 한계를 인정했지만 사람의 시간을 하나님의 시간으로 사용하기 위해 절제하셨다. 크로노스의 시간 안에서 카이로스의 시간을 사용하셨다. 한계를 인정하면서도 그 한계에 매몰되지 않으셨다. 시간을 초월한 신이라면 시간을 어떻게 질적으로 사용할지를 고민할 필요가 없다. 하지만 주님은 그 안에서 하나님의 시간을 사용하셨다. 공생

애를 시작하기 직전 40일 동안은 금식했고, 예루살렘 입성 전에는 변화산에 가서 침묵하셨으며, 또 십자가 죽음 직전에는 겟세마네 동산에서 기도하셨다. 늘 사람의 시간을 어떻게 하나님의 시간으로 사용할지를 생각하셨다.

또한, 주님은 시간을 구별하셨다. 제자를 훈련하기 위해, 생명을 낳기 위해 따로 시간을 정하셨다. 예수님 주위에는 바리새인과 무리가 있었는데, 예수님이 시간의 주인으로 살지 않았다면 아마도 늘 무리와 함께 계셨을 것이다. 그런데 십자가를 증거 할 사람들이 제자라는 것을 알았기 때문에 제자들을 세워 함께하면서 전도하게 했고, 귀신을 쫓는 권세를 주셨다. 예수님의 관심은 늘 제자들에게 있었다.

'오병이어'의 사건도 그저 오천 명을 긍휼히 여긴 이야기에 그치는 것이 아니고 제자들을 훈련시키는 과정이었다. 떡 다섯 개와 물고기 두 마리가 담긴 바구니를 들고 손을 넣었다가 꺼낼 때 제자들의 마음은 어땠을까? 아마도 수도 없이 '진짜 될까?' 하면서 손을 넣었다 뺐을 것이다. 예수님은 시간의 주인으로서 인생의 목적을 이루기 위해 적절하게 시간을 나누어 사용한 분이었다.

시간의 선택

　목적 없이 사용하는 시간은 반드시 나의 약점이 있는 곳으로 흘러간다. 예를 들어 TV 시청에 몰두하는 것이 나의 약점이라면, 시간이 남았을 때 그 남은 시간을 TV 시청에만 사용하게 된다. 목적이 없는 시간은 나를 지배하는 사람의 영향력에 따라 좌우된다. 내가 시간이 많이 남는데 그 시간을 어떻게 사용해야 할지 모를 때 영향력 있는 사람이 나를 당기면 끌려가게 된다. 목적이 없는 시간은 급하지만 중요하지는 않은 일에 써 버리게 된다. 때로는 대중의 갈채를 받는 일에 시간을 허비하기도 한다.

　예수님은 십자가라는 목적이 분명히 있었기 때문에 무엇을 하든 반드시 십자가를 향해 가는 일에 우선순위를 두셨다. 그래서 이것을 말리는 베드로를 향해 '사단아, 물러가라' 하고 말씀하신 것이다. 많은 무리가 병을 고치겠다고 예수님을 찾아와도 때로는 그들과 떨어진 곳에 가서 기도하셨다. 그들은 치유하는 능력이 있는 예수님을 왕으로 세우고 싶어 했지만 예수님의 목적은 왕이 되는 것이 아니었다.

우리 일상에서 일어나는 일을 네 가지로 나눌 수 있다.

① 중요하면서도 긴급한 일이다. 목적을 향해 가기 위해 해야 할 일 중에 다급한 문제들, 어떤 단계로 가기 위해 준비해야 하는 과제들, 회의 준비 등이 그 예다. ② 중요하지만 긴급하지 않은 일이다. 목적을 이루기 위해 가치를 만드는 일이 그런 일이다. 목적이 무엇인지, 어떻게 예방할지, 인간관계를 어떻게 해야 할지, 여가 생활은 어떻게 즐길지 등이 그 예다. 이런 일은 가치를 찾는 중요한 일이지만 급하지는 않은 일이다. ③ 중요하지 않지만 긴급한 일이다. 예를 들면 불시에 누가 우리집에 찾아온다거나 갑자기 교인 가정에 심방해야 할 일이 생기는 경우다. ④ 중요하지도 않고 급하지도 않은 일이다. 남는 시간에 갑자기 바다가 보고 싶거나 시간을 놓친 TV 프로그램을 보는 일 같은 것으로, 일탈 행동들이다.

이 네 가지 중 ①번이 많아지면 스트레스가 심하고 심신이 피곤하다. 위기관리, 문제 수습에만 매달릴 수밖에 없기 때문이다. 중요하고도 긴급한 일이기 때문에 문제 수습에 집중할 수밖에 없다. ③번이 많아지면 일반적인 활동을 하느라 성과 위주로 가게 된다. 중요하지도 않은데 급한 일이기 때문에 그런 일에 그때그때 대처하다 보니 실제로 이룬 것이 없어서 피해 의식을 갖게 된다. 사람들과도 피상적이고 단절된 관계를 할 수밖에 없다. 사람을 만날 때도 아무 계획 없이 시간이 되면 만나고, 시간이 안 되면 못 만나기 때문이다. ④번이 많아지면, 중요하지 않은 일에만 매달리는 무책임한 사람이 되기 쉽다. 책임질 일은 하지 않고 중요하지 않은 일에 시간을 허비해서 중요한 일은 다른 사람들이 대

	긴급한 것	긴급하지 않은 것
중요한 일	① 계획 다급한 문제들 회의 준비	② 목적가치 목적을 준비하는 것 예방, 여가생활 인간관계를 어떻게 할 것인가?
중요하지 않은 일	③ 일반적 활동 다급하게 심방갈 일 다른 사람에게 나를 드러낼 일	④ 일탈행동 남는 시간들 바다가 보고 싶다 지나친 T.V 시청

〈표 15〉 시간의 선택

신하게 되어 늘 남에게 피해를 주는 사람이기 때문이다.

시간을 쓸 때는 ②번이 우선순위가 되어야 한다. 비전을 가지고 멀리 내다보아야 한다. 시간을 절제하고 규율이 있으며 위기 상황에도 새로운 가치를 만들어 낼 수 있다. 운전할 때 시야를 먼 곳에 둬야 앞차의 상황을 미리 볼 수 있는 눈이 생긴다. 시간을 사용할 때도 하나님 앞에서 가장 중요한 일이 무엇인지를 먼저 봐야 하고, 동시에 긴급하지 않은 것들을 보고 있어야 한다. 계속 긴급한 일이나 중요하지 않은 일만 보고 있으면 급하게 핸들을 꺾는 운전자와 같은 인생을 살게 된다.

긴급하지 않으나 중요한 일을 하는 데 우선순위를 두기 위해서는 네 가지 과정이 필요하다.

먼저, 정확한 역할을 따져 봐야 한다. 나는 집에서는 아버지이자 남편이지만 교회에서는 목사이니 교회에서 내 역할이 무엇인지를 정확히 알고 있어야 한다.

다음으로는, 목표를 선택해야 한다. 목회할 수 있는 시간이 15년 정도 남았는데 그 시간 동안 하나님 앞에서 어떤 목표를 가지고 살 것인지를 정해야 한다. 여기서 중요한 것은 내가 가져야 할 목표와 내 뒤에 있는 사람이 가져야 할 목표가 무엇인지를 선택해 두는 것이다. 주님도 본인이 십자가까지 가야 한다는 것을 알았고, 십자가 이후에는 제자들이 해야 할 몫이라고 생각하셨다. 그래서 제자를 훈련하신 것이다. 목표를 선택하지 않으면 마지막에 가서까지 '이제 어떻게 하지?' 하면서 우왕좌왕하게 된다.

그다음에는, 일정을 계획해야 한다. 목표를 정했다면 그것을 이루어 나가기 위해 일정을 어떻게 잡을 것인가를 계획해야 한다. 그런 계획이 없으면 허둥대기 쉽고, 상황에 따라 무엇을 먼저 해야 하는지가 바뀌어 성취가 늦어진다.

마지막으로, 하루하루 그것을 어떻게 적용할지 우선순위를 정해야 한다. 날마다 우선순위를 ②번 긴급하지는 않아도 중요한 일에 두어야 한다. 그런 다음 ①번 긴급하고도 중요한 일을 언제 어떻게 처리할 것인지를 생각하고, 나머지 자투리 시간을 ③번 긴급하지만 중요하지 않은 일이나 ④번 일탈 행동에 사용해야 한다. 어떤 일이든 대부분은 혼자가 아니라 함께해야 하는 일이다. 따라서 우선순위를 먼저 정하고 나서 혼자하기보다는 누군가에게 위임해야 한다.

그런데 '위임'에도 두 가지가 있다. 하나는 지시하는 위임이고, 또 하나는 신임하는 위임이다. 지시하는 위임은 시키는 사람이 주체가 되어 '이거 해! 저거 해!'라고 지정해서 지시하지만, 신임하는 위임은 맡긴 사람에게 '목적'만 알려주면 된다. 목적을 이루기 위한 계획과 실행을 모두 그 사람에게 맡기고 신뢰하는 것이다. 당연히 신임하는 위임이 더 수준이 높은 위임이다. 지시하는 위임이든 신임하는 위임이든 가장 중요한 것은 '사람'이라는 것을 늘 잊지 말아야 한다. 목적을 이루는 것보다 사람이 먼저다.

신임하는 위임에도 다섯 가지 원리가 있다. 첫째, 시간과 방법, 성과에 대해 분명하게 말해 줘야 한다. 둘째, 실행지침과 조건을 말해 줘야 한다. '이것을 했을 때는 이런 조건이 있다', '이런 것을 통해서만 할 수 있다'라고 조건들을 미리 말해 주는 것이 중요하다. 셋째, 인적자원, 물적 자원, 영적 자원들을 어디까지 쓸 수 있고 어디부터 쓰지 못하는지를 말해 줘야 한다. 넷째, 평가 기준을 말해 줘야 한다. 평가 기준에 따라 성과가 제대로 나왔는지 나오지 않았는지를 확인해야 한다. 다섯째, 보상을 말해 줘야 한다. 일을 마쳤을 때 어떤 보상이 있는지도 미리 말해 줘야 한다.

예수님은 신임하는 위임의 방법으로 제자들을 훈련하셨다.

시간의 할례

누가복음 9장 23절 또 무리에게 이르시되 아무든지 나를 따라오려거든 자기를 부인하고 날마다 제 십자가를 지고 나를 따를 것이니라

주님이 제자들에게, 그리고 우리에게 거는 기대가 있다. 주님을 따르는 일이다. 이것이 우리 삶의 목적이다. 그 목적에 맞는 실행 지침으로 '자기를 부인하고 자기 십자가를 지고' 주님을 따르라고 말씀한다.

마태복음 10장 39절 자기 목숨을 얻는 자는 잃을 것이요 나를 위하여 자기 목숨을 잃는 자는 얻으리라

자기를 부인하고 자기 십자가를 진다는 것은 자기 목숨을 하나님 앞에 완벽하게 다 드린다는 의미다.

누가복음 9장 26절 누구든지 나와 내 말을 부끄러워하면 인자도 자기와

자기를 부인하고 자기 십자가를 지고 주님을 따른다는 것은 예수 그리스도와 말씀을 따른다는 의미다. 그것이 하나님이 나에게 주신, 자원하는 기회다.

예수님이 다시 올 때 부끄럽지 않으려면 내가 주님을 따라야 한다. 이것이 성과다. 주님이 다시 오실 때가 상 받는 시간, 성과를 확인하는 시간이다.

> 누가복음 9장 27절 내가 참으로 너희에게 이르노니 여기 서 있는 사람 중에 죽기 전에 하나님의 나라를 볼 자들도 있느니라

우리에게 주시는 보상은 '하나님 나라'다. 주님은 제자들을 신뢰하며 하나님 일을 맡기면서 하나님 나라를 상으로 받을 때까지 비전을 품고 살라고 말씀하셨다.

영적 전쟁은 시간 싸움으로 시작한다. 나에게 주어진 시간을 하나님 나라를 이루는 목적으로 살아가는 싸움이다. 영적 지도자는 시간에 매여 있는 자가 아니라 시간을 움직이는 사람이다.

제자훈련에서 '우선순위'라는 주제를 다루는 이유는, 현대인들이 대부분 중요하지도 않은데 급한 일을 처리하느라 바쁜 삶을 살고 있기 때문이다. 바빠서 기도를 못 하고, 바빠서 예배드리지 못하고, 바빠서 성경공부를 못 한다고 말한다. 멀리 보지 못하고 무엇이 중요한지를 모른다.

주일 공동예배를 드리는 것은 죽느냐 사느냐의 문제다. 그래서

목숨 걸고 나가야 한다. 바빠서 못 온다는 사람들은 시간에 매여 있다는 말이다. 바쁜 목사가 나쁜 목사다. 마찬가지로 바쁜 교인도 나쁜 교인이다. 현실은 힘들고 수고로울 수밖에 없다. 그런데 그 일상 속에 하나님이 계신다. 그것을 알고 있다면 믿음을 사용해야 한다. 시간에 매이는 자가 아니라 시간을 움직이는 자가 되어야 한다.

안식일을 지킨다는 것이 시간의 할례다. 하나님을 위해 시간을 확보하는 일이다. 아무리 바쁘고 급한 일이 있어도 '긴급하지는 않지만 가장 중요한 것'을 보고 있어야 한다. 그래야 우선순위가 분명해진다.

9부 우선순위

주제별
성경연구

10부
예배

로마서 12장 1~2절 그러므로 형제들아 내가 하나님의 모든 자비하심으로 너희

를 권하노니 너희 몸을 하나님이 기뻐하시는 거룩한 산 제물로 드리라 이는 너희

가 드릴 영적 예배니라 너희는 이 세대를 본받지 말고 오직 마음을 새롭게 함으로

변화를 받아 하나님의 선하시고 기뻐하시고 온전하신 뜻이 무엇인지 분별하도록

하라

예배의 의미

예배는 하나님이 우리에게 주신 선물이다. 히니님과 만나서 교제하고 가까이할 수 있는 친밀감의 통로다.

예배는 하나님을 경외하는 마음의 표현이다.

잠언 1장 7절 여호와를 경외하는 것이 지식의 근본이거늘

하나님을 경외하는 것the fear of the Lord이 지식의 근본the beginning of knowledge이다. 지식의 시작이 모든 지혜의 시작이다. 이것이 하나님을 창조주로, 나의 주인으로 인정하는 진리지식이다.

예배는 영적 전쟁이다. 우리는 영의 존재이며, 하나님 나라는 영의 세계다. 영의 세계에서 전쟁하는 가장 중요한 도구, 통로가 되는 것이 바로 예배다. 신앙생활에 문제가 생긴 사람은 가장 먼저 예배를 소홀히 한다. 물론 상황이 여의찮아 못 올 수도 있지만, 대부분은 그 사람의 영적인 문제 때문에 예배를 소홀히 여기게 된다.

예배는 나라는 존재를 하나님 앞에 드리는 것이다. 따라서 누구든지 예배자가 될 수 있다. 어떤 일을 하는지, 어떤 능력을 소유했는지가 중요한 것이 아니다.

예배는 사랑이다. 예배를 통해 사랑의 관계를 하고 사랑의 열매를 맺는다. 예배가 우리 삶의 우선순위다. 그런데 율법이라는 잣대로 판단하면 예배를 드리지 않은 사람을 무조건 정죄하는 잘못을 저지를 수 있다. 한 장로님이 주일 아침에 목사님에게 전화해서 전도하려고 기도 중인 사람이 제주도에 가서 골프를 친다는 소식을 들었다면서 같이 가서 골프를 쳐야 할 것 같은데 어떻게 생각하는지를 물었다. 목사님은 선뜻 그렇게 하라고 허락했다. 예배를 드리느냐 드리지 않느냐보다 '사랑'이 중요하다고 생각한 예다.

예배는 율법이 아니라 사랑이라는 기준으로 봐야 한다. 그리고 예배 장소에 있었다고 해서 모두 하나님 앞에 예배드린 사람이라고 할 수는 없다. 예배 공간에 있는 것보다 마음이 더 중요하다. 똑같이 밭에서 일하고 있는 두 사람 중 한 사람은 데려가고 한 사람은 내버려둔다고 말씀하셨다. 공간이 중요하다면 밭에 있는 사람을 둘 다 데려가셔야 한다. 예배를 드리든 드리지 않든 '마음의 태도'가 어떤지가 더 중요하다.

신약성경은 은혜와 진리, 복음의 말씀이다. 이것을 율법의 정신으로 이해하면 신약의 말씀도 구약의 율법과 다를 게 없다. 모든 말씀을 하나님 앞에서 사랑과 생명의 원리로 이해해야 한다.

예배의 차원

성경공부를 했다고 진리지식을 알았다고 생각하면 착각이다. '안 것'이 아니라 '들은 것'뿐이다. 들었다면 이제는 알기 위해 살아야 한다. 그리고 나서 내 몸으로 드려야 로마서 12장 말씀을 이루는 삶이다. 몸으로 드려야 진짜로 아는 단계에 이르는 것이지 그 전까지는 내가 안다고 할 수 없다.

> 로마서 12장 1절 그러므로 형제들아 내가 하나님의 모든 자비하심으로 너희를 권하노니 너희 몸을 하나님이 기뻐하시는 거룩한 산 제물로 드리라 이는 너희가 드릴 영적 예배니라

예배에 대한 잘못된 인식 중 하나는 예배를 이원론적으로 이해하는 것이다. 예배는 거룩하고 삶은 세속적이라고 분리하는 태도다. 다른 하나는 예배를 늘 수직관계로만 생각하는 것이다. 하나님과 나, 단둘의 관계만을 생각하면서 공동체와의 관계는 생각하지 않는다. 요즘 많은 사람이 인터넷으로도 예배드릴 수 있다고

생각하는데, 그것은 예배가 아니다. 물론 개인적으로도 경건 생활을 할 수는 있지만, 궁극적인 예배는 공동체성을 가지고 있어야 한다.

마지막으로, 예배를 우리가 받은 은혜의 신분과 그 신분에 맞는 삶을 살아가는 능력이라고만 생각하는 것이다. 그렇게 생각하는 사람들에게는 신분과 능력이 곧 예배가 된다. 그러나 말씀과 함께하는 것with word, 즉 내가 예수 그리스도 안에서 신분이 회복되고 말씀을 가지고 살아가는 삶의 능력이 예배다.

그런 의미에서 예배를 다시 세 가지 차원으로 나누어 볼 수 있다. 하나님 앞에서 드리는 예배와 예수 그리스도 앞에서 드리는 예배, 그리고 성령 앞에서 드리는 예배다. 하나님 앞에서 드리는 예배는 일대일로 드리는 개인예배다. 예수 그리스도 앞에서 몸과 몸이 연합하여 하나의 지체로서 함께 드리는 예배는 공동예배 또는 회중예배다. 그리고 성령 앞에서 드리는 예배는 생활예배다. 내가 삶으로 드리는 예배를 말한다. 개인예배만 있으면 공동체 안에서 서로 연결되어 협력해서 선을 이룰 수 없다. 개인예배와 공동 예배와 생활예배가 어우러져서 하나를 이루어야 한다.

모든 예배는 가인의 예배와 아벨의 예배로 나눌 수 있다.

> 히브리서 11장 4절 믿음으로 아벨은 가인보다 더 나은 제사를 하나님께 드림으로 의로운 자라 하시는 증거를 얻었으니 하나님이 그 예물에 대하여 증언하심이라 그가 죽었으나 그 믿음으로써 지금도 말하느니라

아벨은 믿음으로 제사를 드렸다. 하나님 앞에서 '내가 죄인입니

다'라고 고백했다. 그리고 침묵하며 하나님의 말씀을 들었다. 하지만 가인은 믿음으로 제사하지 않았다. 창세기 4장에 보면 가인이 하나님 앞에서 자기가 주인이라고 생각하는 말을 했다. 주인이신 하나님이 제사를 받지 않겠다고 하면 제사의 주인은 하나님이시니 '네, 알겠습니다'라고 해야 하는데 '내가 이렇게까지 했는데 안 받아?'라고 분노했다고 기록되어 있다. 그렇다면 그 제사의 주인은 자신이 된다. 가인은 의인의 마음으로 제사를 드린 것이다. 죄인의 마음이었다면 제사를 드리면서 침묵할 수밖에 없었을 것이다.

가인은 곡식을 드렸고 아벨은 양을 드렸다. 곡식을 드린 것은 의인의 마음이고, 양을 드린 것은 죄인의 마음이다. 양을 드리는 제사는 피의 제사다. 아벨은 하나님 앞에서 자신이 죄인이라고 생각했기 때문에 피의 제사를 드렸다. 피가 생명이니 자신은 피로 죄를 덮을 수밖에 없는 존재라고 생각한 것이다. 가인은 침묵을 통해 우리에게 사망을 가르쳤고, 아벨은 믿음으로 생명을 가르쳤다. 가인의 심정으로 예배드리는 사람은 '오늘은 내가 별로 좋아하지 않는 찬양만 하네? 목사님은 왜 저런 말씀을 하시는 거지? 아, 저 말씀은 누가 들어야 하는데…'라고 생각한다. 이런 마음은 내가 주인공이라는 것을 보여준다. 내 감정, 내 의지, 내 생각으로 계속 말한다. 겉으로는 굉장히 그럴듯하게 보이지만, 속으로는 계속 자신을 의인이라고 생각하는 마음이 있기 때문이다.

예배의 과정

예배에도 순서가 있다.

구약시대 성막을 보면 맨 처음에 출입문을 지난다. 이것은 예수 그리스도를 믿음으로 통과하는 것을 의미한다. 예수 그리스도를 지나 번제단에서 원죄를 회개하고 물두멍에서 자범죄를 회개한다. 그리고 금촛대는 빛 가운데 행하는 믿음의 행위를, 진설병은 말씀을, 분향단은 기도를 의미한다. 말씀과 기도와 행위가 계속 나를 자라나게 한다. 지성소에는 증거궤법궤가 있다. 이 법궤라고도 하는 시온좌가 있는 속죄소는 하나님의 영광과 임재의 은혜를 경험하는 곳이다. 이 구조가 바로 구원의 단계를 의미한다.

내가 예수 그리스도를 통해 의롭다 칭함을 받고, 회개와 회심을 통해 자라나고, 성장하고, 성숙해지는 단계로 간다. 그렇게 하려면 반드시 예수 그리스도를 통해야 한다. 성소에서 지성소까지는 하나님의 영광과 임재 가운데 머무는 축제의 단계라고 할 수 있다. 하나님 앞에 예배드려서 은혜를 체험하고 새김질하며 하나님과 함께하는 진정한 기쁨을 나눈다.

그런데 성막 문을 지나 들어가서 성막의 뜰에만 머무르는 신앙인들이 있다. 그들은 늘 은혜만 생각하는 신앙인이다. 성소와 지성소로 들어가지 못하니 축제를 즐기지 못한다. 성소에 들어가서 그곳에만 머무르는 사람들도 있다. 하나님과 하나가 되는 사랑, 온전한 사랑까지 가지 못하는 사람들이다. 지성소에 들어가서 예배를 드리며 하나님과 진정으로 하나가 되는 경험을 하는 사람과는 신앙의 차원이 다르다.

예배드리며 하는 공동의 기도에도 서로 다른 의미가 있다. 참회의 기도는 은혜를 구하는 기도이고, 중보기도는 축제의 기도이며, 결단의 기도는 세상을 향해 나가는 이들을 위해 하는 기도다. 이처럼 분명한 예배의 순서와 구조를 알고 드려야 온전한 예배가 될 수 있다. 예배에 늦게 오는 사람들은 이 단계를 제대로 거치지 않아 불완전한 예배를 드리게 된다. 성소와 지성소에는 반드시 은혜를 경험한 사람만 들어간다. 은혜를 경험하지 못한 사람은 들어가지 못하고 죽는다. 지성소에는 거룩한 사람만 들어갈 수 있었다. 예배의 순서를 건너뛰면 영적인 죽음을 맞게 된다.

예배는 하나의 과정을 통해 전체를 이룬다. 말씀이 예배의 전부라고 생각해서 말씀이 끝나면 예배가 끝났다고 생각하는 사람들이 있다. 하지만 예배 과정 전체가 예배다.

예배에는 두 가지 기능이 있다. 하나는 성례전이고 또 하나는 주일 공동예배다. 이단교회에서 안식일의 의미에 관해 지적하는 경우들이 있다. 그들은 안식일이 금요일부터 토요일까지인데 교회가 타락해서 태양신을 섬기는 일요일에 예배를 드린다는 논리를 편다. 우리가 주일에 예배를 드리는 이유는 그날이 주님이 부활하신 날이기 때문이다. 주일은 부활을 일주일 단위로 계속해서 경험하며 기억하고 축제를 여는 날이다. 그리고 예배는 반드시 공동체성을 가지고 있어야 한다. 그래서 주일 공동예배를 드린다. 모든 교회가 성소에 들어가는 단계의 예배를 드리면서 은혜만 이야기할 것이 아니라, 하나님 앞에서 회개하고 은혜를 구하는 것에서 끝나는 것이 아니라, 이제는 축제의 감동을 흠뻑 느끼는 예배를 드려야 한다.

시편 1편의 주제는 말씀이고, 시편 150편의 주제는 예배다. 말씀을 잘 묵상하는 사람은 그 열매로 예배자가 된다는 의미다. 시편 150편은 그래서 '할렐루야! 찬양하라'로 시작해서 '할렐루야'로 끝난다. 찬양과 예배가 같은 개념으로 쓰인다. '할렐루야'에서 '야'는 하나님을 의미한다. 하나님을 찬양하는 것이 예배의 핵심이다.

> 시편 150편 1절 할렐루야 그의 성소에서 하나님을 찬양하며 그의 권능의 궁창에서 그를 찬양할지어다

시편 150편 1절은 예배의 주체가 하나님이라고 말씀한다. 존경respect과 경배worship는 다르다. 가톨릭에서 성모 마리아를 존경하는 것은 맞지만 믿음의 선조로 존경해야지 경배받을 자로 보아서는 안 된다. '할렐루야! 하나님을 찬양하라'라는 것은 하나님만 찬양하라는 뜻이다. 그분이 유일한 창조주이기 때문이다.

150편에서 가리키는 찬양할 장소는 두 군데다.

첫째는 성소와 지성소가 있는 성소다. 예배는 성막 뜰에서 드리는 것이 아니라 성소에서 드린다.

둘째는 궁창이다. 성경에서 말하는 궁창에는 세 가지 개념이 있다. 하늘heaven, 창공sky, 공간space이다. 하늘heaven은 하나님이 계신 곳, 우리가 갈 수 없는 곳, 하나님만 계신 장소다. 창공sky은 모든 땅위에 존재하는 우주다. 공간space은 내가 볼 수 있는 모든 허공을 말한다. 주기도문에서 '하늘에 계신 우리 아버지'라고 할 때 하늘은 하늘heaven이 아니라 우리가 존재하는 공간space을 뜻한다. '하늘에 계시는 하나님'은 내가 알 수 없는 하늘에 계시는 분이 아니라 내가 볼 수 있는 모든 빈 공간에 계신다는 것을 고백하고, 어느 곳에서든지 하나님을 찬양하라는 말씀이다.

그렇다면 왜 하나님을 찬양해야 할까? 그 이유는 2절 말씀에 나온다.

시편 150편 2절 그의 능하신 행동을 찬양하며 그의 지극히 위대하심을 따라 찬양할지어다

하나님은 살아 계시기 때문에 찬양해야 한다. 하나님은 나와 관계할 수 있는 친밀한 인격체이시니 내가 찬양한다. 또한 지극히 광대하신 분, 나와 구별되고 나를 만드신 분, 창조주와 피조물이라는 이 간격 때문에 내가 하나님을 찬양한다.

시편 150편 3~5절 나팔 소리로 찬양하며 비파와 수금으로 찬양할지어다 소고 치며 춤 추어 찬양하며 현악과 퉁소로 찬양할지어다 큰 소리 나는 제금으로 찬양하며 높은 소리 나는 제금으로 찬양할지어다

찬양의 도구는 관악기, 현악기, 타악기, 몸, 내가 가진 모든 것이 된다.

시편 150편 6절 호흡이 있는 자마다 여호와를 찬양할지어다 할렐루야

예배의 객체, 예배를 드리는 자는 '호흡 있는 자' 모두를 말한다. 호흡이 있다는 것은 예수 그리스도를 통해서 생명을 얻은 자라는 의미다. 성막 출입문을 지난 사람이 생명 있는 자다. 누군가 우스갯소리로 구약 최고의 거짓말은 '선악과를 따 먹으면 죽는다'라는 말이고, 신약 최고의 거짓말은 '회개하라 천국이 가까우니라'라는 말이라고 했다. 그런데 아담과 하와는 진짜 죽었다. 육의 생명이 아니라 영이 죽은 것이다. 하나님과의 관계가 끝난 것이 곧 죽음이다. 그래서 그들은 제사를 드리기 시작했다. 몸이 살아 있다고 산 것이 아니다. 그런 의미에서 '호흡이 있다'라는 말씀은 영이 다시 살아 났다는 뜻이다.

요한복음 20장 22절 이 말씀을 하시고 그들을 향하사 숨을 내쉬며 이르시되 성령을 받으라

부활한 주님이 제자들에게 가서 숨을 내쉬며 성령을 받으라고 말씀하셨다. 숨, 바람, 모두 성령이라는 뜻이다. 따라서 호흡은 육신의 호흡이 아니라 영의 호흡, 성령이다.

영의 예배

요한복음 4장 23절 아버지께 참되게 예배하는 자들은 영과 진리로 예배할 때가 오나니 곧 이 때라 아버지께서는 자기에게 이렇게 예배하는 자들을 찾으시느니라

예배는 영과in sprit, 진리in truth로 드리는 것이 본질이다. 생명 안에서, 진리 안에서, 성령 안에서 드린다. 사마리아인들은 지식이 없는 열정적인 예배를 드렸던 사람들인데 지금으로 말하면 찬양 예배에 굉장히 탁월했던 사람들이다. 방언을 받아서 뜨겁게 예배하는 사람들이었는데 그들에게는 진리 지식이 없었다. 반면 유대인들은 신령하지 않은 진리를 믿었다. 굉장히 이성적이고 냉정한 신앙이었다. 진리는 알고 있지만 그 안에 성령으로 인한 역동이 없었다. 주님은 신령과 진정으로 예배하라고 말씀하신다.

신령이라는 말 속에 있는 구약의 개념은 '하나님 앞에서God for us'이다. 우리를 향해 계시는 하나님, 우리를 위한 하나님을 보는 것이 예배다. 신약에서 말하는 예배는 '하나님과 함께God with us'

다. 우리와 함께하시는 하나님이다.

그런데 이제는 '하나님과 일치하는God in us' 예배를 드려야 한다. 우리 안에 계신 하나님, 예수님이다. '성령 안에서'란 우리 안에 계신 하나님을 예배하는 것이다. 그리고 '진리', '진리 안에'라는 말은 하나님 앞에서 하나님의 성품을 보는 것이다. 동기, 수단, 방법 또는 결과, 그리고 그 결과 속에 담겨 있는 목적까지 진리 안에서 예배해야 한다.

로마서 12장 1절 말씀에 보면 영의 예배를 몸의 예배라고 말씀한다.

영의 예배 (몸 예배)	① 하나님이 기뻐하시는	기쁨	감사	성품
	② 거룩한	거룩	고백	모호함
	③ 살아 있는 제사를 드리라	삶(생명)	실재	망상/연민

〈표 16〉 몸의 예배

하나님이 기뻐하는, 거룩한, 살아 있는 제사를 드리는 것이 영적 예배다. 영적인 예배는 기쁘고 거룩한 삶에서 나오는 예배다. 내가 기뻐한다는 것은 하나님 앞에서 감사한다는 것이고, 몸으로 감사함을 느끼려면 하나님의 능력이 아니라 하나님의 성품, 사랑을 보고 있어야 한다. 하나님은 최고의 사랑과 최대의 은혜를 베풀며 최선의 뜻으로 우리를 끌고 가시는 분이다. 하나님의 본마음은 우리를 고생시키고 근심하게 하려는 것이 아니고 그저 사랑하실 뿐이다.

그래서 날마다 내가 깨끗해져서 의인이 되려는 것이 아니라 하나님 앞에서 내가 죄인이라고 고백할 때 우리가 거룩해질 수 있다. 그런데 신앙인들 대부분은 행위를 통해 거룩해지려고 한다. 성경에서 말하는 거룩함은 내가 죄인임을 알고 고백하는 것으로만 이룰 수 있다. 오직 하나님만 거룩한 분이기 때문이다. 하나님의 은혜와 사랑을 입지 않고서는 나 스스로 거룩할 수 없는 존재임을 고백할 때 거룩함이 이뤄진다.

거룩할 수 없는 존재임을 고백하기 위해서는 '모호함'을 인정해야 한다. 악으로 갈지, 선으로 갈지 둘 중 하나를 선택하고 살아가는 것이 인생인데, 선으로 가고 싶지만 여전히 내 마음속에는 악이 있다. 그런 내 안의 악을 보면서 '하나님 제가 정말 죄인이군요'라고 고백하고 하나님에게 은혜를 구하는 것이 믿음이다. 서려고 하지만 무너지고, 선 줄 알았을 때 넘어지는 것이 신앙인이 살아가는 현실이다.

> 요한일서 1장 10절 만일 우리가 범죄하지 아니하였다 하면 하나님을 거짓말하는 이로 만드는 것이니 또한 그의 말씀이 우리 속에 있지 아니하니라

이 말은 '네가 죄를 고백하지 않으면 하나님을 거짓말하는 분으로 만드는 거야'라는 뜻이다. 죄를 이기는 방법은 고백하는 일이다. 사랑을 몸으로 해내야 생명이 된다.

> 요한일서 4장 1~3절 사랑하는 자들아 영을 다 믿지 말고 오직 영들이 하나님께 속하였나 분별하라 많은 거짓 선지자가 세상에 나왔음이라 이로써 너희가 하나님의 영을 알지니 곧 예수 그리스도께서 육체로 오신 것을 시인하는 영마다 하나님께 속한 것이요 예수를 시인하지 아니하는

영이 하나님으로부터 온 것인지 아닌지 시험해야 하는데, 몸으로 오신 예수 그리스도를 인정해야 진짜이고 그것을 부인하면 적그리스도가 될 수 있다. 몸으로 오신 예수 그리스도가 진짜와 가짜의 판단 기준이다. 영력이 높다고 기도를 해주겠다면서 돈을 바란다면 가짜다. 돈이 목적이기 때문이다. 돈이 아니라 생명을 사랑하는 것이라야 한 몸인 공동체를 이룰 수 있다. 공동체를 이루고 있는지, 육신으로 오신 예수 그리스도와 내가 함께 살고 있는지가 중요하다. 육체로 오신 예수 그리스도의 사랑을 몸으로 드러내야 진짜가 된다.

'몸으로 하나님이 기뻐하는 거룩한 산 제사를 드리라'라는 말씀은 거짓을 참으로 믿는 망상과 자기만 불쌍하다고 생각하는 연민에서 벗어나야 한다는 뜻이다.

로마서 12장 2절 너희는 이 세대를 본받지 말고 오직 마음을 새롭게 함으로 변화를 받아 하나님의 선하시고 기뻐하시고 온전하신 뜻이 무엇인지 분별하도록 하라

위의 말씀을 뒤집으면 하나님의 선하신 뜻, 기뻐하시는 뜻, 온전하신 뜻이 무엇인지 분별하면 새로운 마음을 갖게 된다는 의미가 된다. 마귀는 육신의 정욕과 비교와 경쟁으로 마음을 공격한다. 이런 마귀의 공격에 지면 마음을 지탱하고 있던 지식과 의지

와 감정이 무너진다. 마귀의 공격을 이겨내려면 예수 그리스도의 십자가를 바라봐야 한다. 예수 그리스도가 십자가의 삶을 사셨기 때문이다.

예배를 드리는 것이 십자가를 보는 일이다. 십자가 안에는 죽음과 부활이 함께 존재한다. 우리에게 이 죽음은 회개에 해당하고, 부활은 축제와 같다. 십자가는 드라큘라가 나타났을 때 들이대는 도구가 아니라, 진짜 예배를 드리는지 가짜 예배를 드리는지를 알 수 있는 기준이다. 마귀는 세상의 가치로 우리 육신을 공격해서 분열을 일으킨다. 거짓을 말해서 분열을 일으키는 것이 마귀의 속성이다. 그래서 죄를 지은 사람은 예배를 외면하고 혼자 있으려고 한다.

옳고 그름을 따지는 정죄 역시 계속해서 사람을 나눈다. 부부도 하나가 될 수 없게 만든다. 심지어 하나님도 틀렸다고 생각하게 된다. 내 마음의 생각과 뜻을 마귀의 공격으로부터 막아주는 것이 십자다. 의인인 예수님이 나를 위해 죽으셨다. 십자가는 우리가 의인이 될 수 없다는 것을 증명한다. 그러면서 동시에 우리가 의인이라는 것 역시 증명한다. 나를 위해 죽으신 예수 그리스도를 믿으면 나도 의인이라고 하셨기 때문이다. 마귀는 우리를 교만하게 할 수도, 우리를 절망하게 할 수도 없다. 우리에게는 예수 그리스도의 십자가가 있기 때문이다.

궁극적인 예배는 하나님 앞에서 드리는 우주적인 예배다. 요한계시록 21~23장에서 말씀하는 새 하늘과 새 땅에서 드리는 예배다. 그것이 우리 공동체 안에서 이루어지는 예배이자 개인적으로 한적한 곳에서 하나님을 만나는 예배이기도 하다.

10부 예배

주제별
성경연구

11부

교회

마태복음 16장 13~20절 예수께서 빌립보 가이사랴 지방에 이르러 제자들에게
물어 이르시되 사람들이 인자를 누구라 하느냐 이르되 더러는 세례 요한, 더러는
엘리야, 어떤 이는 예레미야나 선지자 중의 하나라 하나이다 이르시되 너희는 나
를 누구라 하느냐 시몬 베드로가 대답하여 이르되 주는 그리스도시요 살아 계신
하나님의 아들이시니이다 예수께서 대답하여 이르시되 바요나 시몬아 네가 복이
있도다 이를 네게 알게 한 이는 혈육이 아니요 하늘에 계신 내 아버지시니라 또
내가 네게 이르노니 너는 베드로라 내가 이 반석 위에 내 교회를 세우리니 음부의
권세가 이기지 못하리라 내가 천국 열쇠를 네게 주리니 네가 땅에서 무엇이든지
매면 하늘에서도 매일 것이요 네가 땅에서 무엇이든지 풀면 하늘에서도 풀리리라
하시고 이에 제자들에게 경고하사 자기가 그리스도인 것을 아무에게도 이르지 말
라 하시니라

새김질

    구약시대에 유대인들이 먹거나 번제로 드릴 수 있는 동물은 새김질하고 발굽이 갈라진 동물이었다. 발굽이 갈라졌다는 것은 구별되었다는 의미다. 하나님 앞에서 예배자도 동물의 갈라진 굽처럼 세속의 정신과 갈라져 반대로 난 길을 가는 사람이어야 한다. 그리고 새김질하는 동물을 번제로 드릴 수 있다는 것에는 말씀을 나 자신에게 적용하라는 의미가 담겨 있다. 위가 네 개인 소가 음식을 먹은 후 다시 끄집어내어 새김질하기를 반복하는 것처럼 말씀도 되풀이해서 기억하고 음미해 내게 적용해야 한다. 기억하고 음미할 때마다 그 의미가 새롭게 다가오고 적용도 달라진다. 말씀을 들어도 새김질하지 않고 바로 다른 사람들에게 적용하는 사람은 굉장히 위험한 사람이다. 말씀을 문자로만 이해하거나 왜곡해서 적용할 수 있기 때문이다.

    세상에서 가장 무서운 사람은 책을 한 권만 읽은 사람이라는 말이 있다. 요한 웨슬리 목사님은 성경 한 권을 이해하기 위해 천 권의 책을 읽었다고 한다. 성경은 그만큼 깊고 넓고 높은 뜻을 품은 경전이다. 책 한 권을 읽고 모든 것을 그 책의 내용으로 재단하는 무모한 사람이 되어서는 안 된다. 자신이 생각하는 고정관념이 세계관이 되어 세상을 바라보면 안 된다. 성경을 읽을 때도 마찬가지다. 말씀을 받은 그대로 곧바로 다른 사람들에게 적용하면 그 말씀이 칼날이 된다. 성경공부 열심히 하고, 새벽기도 열심히 하는 분들일수록 그렇게 되기 쉽다. 아픈 사람 문안하러 가서 기도 안 해서 그렇게 됐다고, 죄가 있어서 그렇다고, 계속 말씀의 칼을 휘두르는 사람이 있다. 말씀을 자신에게 먼저 적용했던 사람은 쉽게 남에게 말씀의 칼을 들이대지 못한다.

나는 똑같은 말씀을 1년 52주 내내 별반 다르지 않은 내용으로 반복해서 설교해 보고 싶은 마음이 있다. 왜냐하면 말씀은 실재이기에 똑같은 말씀도 듣는 사람의 상황과 경험하는 사건에 따라 다르게 들리기 때문이다. 그런데 말씀 전하는 것을 지식의 전달로 생각하는 분들은 매주 다른 말씀을 전해야 한다는 부담을 느낄 수 있다.

예전에 10년째 담임목사님의 설교를 받아 적는다는 한 집사님을 만난 적이 있다. 그는 담임목사님이 설교를 계속 재탕한다고 불평했다. 말씀을 지식으로 듣고 있으면 그런 일이 생긴다. 사실 설교는 반복되어야 한다. 반복한다고 해서 설교자의 영성이 부족한 것이 아니다. 말씀 자체가 생명력이 있고 운동력이 있어서, 똑같은 말씀이라도 내가 내 삶에 적용한다면 날마다 다르게 들린다. 말씀의 내용이 중요한 것이 아니라 그 말씀에 있는 살아 계신 하나님을 경험하고 말씀대로 살아가는 것이 능력 있는 성도의 삶이다.

하나님 나라의 교회

하나님은 개인에게도 말씀하시고 공동체를 향해서도 말씀하십니다. 예수님은 부활하고 나서 우리에게 공동체를 선물하셨다. 그것이 교회다. 예수님이 복음서에서 교회를 언급한 부분은 마태복음 16장 18절과 18장 17절 딱 두 곳이다.

> 마태복음 16장 18절 또 내가 네게 이르노니 너는 베드로라 내가 이 반석
> 위에 내 교회를 세우리니 음부의 권세가 이기지 못하리라

> 마태복음 18장 17절 만일 그들의 말도 듣지 않거든 교회에 말하고 교회
> 의 말도 듣지 않거든 이방인과 세리와 같이 여기라

교회가 무엇인지를 이해하는 관점은 세 가지다.

첫째, 하나님 나라 → 교회 → 세계로 이해하는 관점이다.

하나님 나라를 위해 교회에 사명을 주고, 교회가 세계를 향해 말한다고 보는 관점이다. 교회가 세계를 어떻게 바꿀지를 고민한

다. 교회가 힘을 가지고 있던 중세 시대 이후부터 1960년 이전까지 사람들 대부분이 가지고 있던 이 관점을 구속사적 접근이라고 한다. 하나님이 십자가에서 이미d-day 하나님의 통치를 시작했으나 아직 오지 않은 승리를 이루는 그날v-day이 올 것이라고 하시며, '이미'와 '아직' 사이에 교회를 두어 오지 않은 하나님 나라를 이룰 책임을 교회에 주셨다는 것이다. 그런데 이 관점은 교회와 세계를 이분법적으로 나누기 때문에 교회는 거룩한 곳이고 세계는 거룩하지 않은 곳이라고 생각하게 된다.

둘째, 하나님 나라 → 세계 → 교회로 이해하는 관점이다.

예수님의 십자가 사역은 교회만을 위한 것이 아니었다. 온 인류, 온 세계를 품고 구원한 사건이었다. 어떤 특별한 사람들만을 부른 것이 아니라 세계를 향해 하나님의 구원 사역이 끝났다고 선포하셨다. 교회가 할 일은 세계 안에 있으면서 하나님 나라를 증언하는 것이다. 이미 구원하셨기 때문에 구원이 교회 중심에서 세계 중심으로 바뀌었다. 이것을 하나님의 선교missio Dei라고 한다. 하나님은 이미 세계를 품고 있고, 하나님을 알 만한 것을 이미 보여주셨다는 개념이다. 그런데 이 관점은 자칫 세계와 교회를 하나로 이해하는 세속신앙이 될 수도 있다.

셋째, 하나님 나라 → 역사 → 교회로 이해하는 관점이다.

이 관점은 세상의 모든 것을 굉장히 수동적인 개념으로 이야기한다. 역사는 하나님의 약속 안에서 현실로 나타난 것이다. 예수 그리스도가 육신으로 오신 사실이 그렇게 현실에서 이루어진 역사적 사건이다. 역사는 단순한 사실의 문제가 아니라 사실에 대한 해석의 문제다. 하나님의 뜻으로 해석되는 하나님의 역사를 이루고 있다. 교회는 그 역사에서 하나님의 역사에 참여하는 사람들의 공동체이고, 역사 가운데서 증언하는 사람들이며, 역사를 이루려고 봉사하는 사람들의 모임이다. 개인이 처음부터 하나님 나라라는 관점에서 신앙생활을 하지 않으면 개인주의 신앙이 될 수 있고 개교회 중심으로 갈 수 있다. 하나님의 뜻은 빠져 있는 나와 우리 교회로만 남을 수도 있다는 말이다.

교회가 첫번째 관점의 수준에 있으면 자기가 원하는 하나님 나라, 자기가 생각하는 하나님 나라에 머무르게 된다. 하나님은 세계를 품고 있고, 역사 속에서 일하시며, 교회를 향해 참여하고 증언하고 봉사하라고 말씀하신다. 하나님 나라의 관점에서 최고의 신앙은 하나님이 하나님 되심을 고백하는 것이다. 하나님을 나의 하나님, 내 편이 되는 하나님으로만 생각하면 어린아이 신앙에 머물 수밖에 없다. 그 어린아이 수준이었던 교회가 대를 잇는 후사가 되면 하나님의 뜻과 소원과 목적이 무엇인지를 고민하게 되고, 그 뜻대로 후사 교회 공동체가 역사 속에서 하나님을 증언하게 된다.

교회의 상징성

고린도후서 6장 16절 하나님의 성전과 우상이 어찌 일치가 되리요 우리
는 살아 계신 하나님의 성전이라 이와 같이 하나님께서 이르시되 내가
그들 가운데 거하며 두루 행하여 나는 그들의 하나님이 되고 그들은 나
의 백성이 되리라

하나님 앞에서	백성	고후 6:16	거룩하심	죄인임을 고백하라	부르심
예수님 앞에서	몸	고전 12:27	상호의존, 연합	온전케 하며	세우심
성령 앞에서	성전	고전 3:6	권능과 영향력 주심	열매 맺기를 원하심	보내심

〈표 17〉 교회의 상징성

교회는 하나님 앞에서 하나님의 백성이다.

하나님의 백성은 거룩해야 한다. 하나님 나라 백성의 거룩함은

하나님 사랑을 전제로 한다. 하나님이 우리의 주인 되어 우리를 보호하고 인도하고 사랑하신다. 그 사랑 때문에 우리는 거룩함을 입고 산다. 거룩함은 내가 죄인이라는 것을 고백할 때 밖에서부터 온다. 하나님은 우리가 절대로 스스로 거룩해질 수 없는 존재라는 것을 아신다. 그런데도 '너희도 거룩하라'라고 말씀하셨다. 이것은 죄인이라는 것을 알고 겸손해지라는 뜻이다. 하나님은 내가 겸손해질 때마다 거룩하심으로 나를 덧입혀 주신다. 내가 가장 거룩한 순간은 하나님 앞에서 모든 것을 내려놓았을 때다. 내 노력이 끝났을 때 하나님의 노력이 시작된다. 하나님 앞에서 철저히 나의 죽음을 고백할 때 부활이 있다.

교회는 예수 그리스도의 몸이다.
몸은 상호의존하며 연합해야 한다. 몸과 몸이 부대끼며 연결되고 결합되어 하나가 되어간다.

고린도전서 12장 27절 너희는 그리스도의 몸이요 지체의 각 부분이라

에베소서 4장 15~16절 오직 사랑 안에서 참된 것을 하여 범사에 그에게까지 자랄지라 그는 머리니 곧 그리스도라 그에게서 온 몸이 각 마디를 통하여 도움을 받음으로 연결되고 결합되어 각 지체의 분량대로 역사하여 그 몸을 자라게 하며 사랑 안에서 스스로 세우느니라

에베소서에 나오는 동사는 현재완료진행형이다. 계속 자라난다. 각각 하나의 성전인 교인이 교회를 위해 한 몸을 이룰 때 가장 중

요하게 인식해야 할 것은, 모두가 과정이라는 점이다. 하늘의 교회와 땅의 교회가 있고, 보이는 교회와 보이지 않는 교회가 있다. 사람들은 보이는 교회를 보면서 계속 실망하고 시험에 든다. 그런데 그것이 과정이라고 이해하면 인내하며 기다려줄 수 있다. 몸은 각 지체가 그 역할기능대로 서로 연결과 결합의 과정을 통해 만들어진다. 연결은 서로 교류하며 교제하는 것이고, 결합은 서로 붙어서 몸을 이루는 것이다.

에베소서 4장 12절 '이는 성도를 온전하게 하여'라는 말씀에는 '온전하게'라는 말과 '연결되고 결합한다'는 말에 뼈와 뼈를 맞춘다는, 거의 같은 뜻의 단어가 사용되었다. 어긋난 뼈와 뼈를 다시 맞추려면 뼈를 빼서 맞춰야 하니 정말 고통스러운 일이다. 몸과 몸을 연결하고 결합하는 건축에 비유하자면, 우리는 하나님 앞에서 성전을 쌓는 돌과 같다. 돌 위에 돌을 쌓아 하나의 성전을 짓는 것이다. 그런데 성전을 지을 때 사용하는 돌은 정을 맞지 않은 돌, 사람이 인위적으로 다듬지 않은 돌이어야 한다.

다니엘 2장 34절 또 왕이 보신즉 손대지 아니한 돌이 나와서 신상의 쇠와 진흙의 발을 쳐서 부서뜨리매

사람의 손으로 깎지 않은 뜨인돌로 성전을 짓는다는 것은 교회에서 다른 사람을 자기 생각과 기준으로 정으로 찍듯 바꾸려 해서는 안 된다는 뜻이다. 사람은 바람과 물, 즉 성령이 바꾸실 것이기 때문이다. 교회를 부정적으로 생각하는 이유는 뼈와 뼈가 맞춰지느라 고통스러운 경험을 했기 때문이다. 그렇지만 서로를 의

지해서 연결하고 결합해야 온전해진다. 이것이 몸의 관계, 생명 관계다.

사도행전 2장 46절 날마다 마음을 같이하여 성전에 모이기를 힘쓰고

히브리서 10장 25절 모이기를 폐하는 어떤 사람들의 습관과 같이 하지 말고

생명 관계는 함께 세 가지를 나눈다. 바로 예수 그리스도, 시간, 물질이다. 가장 먼저 생명의 본질인 예수 그리스도를 나눈다. 그리고 시간을 공유한다. 영어를 잘하려면 영어 문화권에 계속 나를 노출하면 된다. 언어는 그 문화 안에서 살아갈 때 자연스럽게 배워지기 때문이다. 마찬가지로 우리가 서로 연결하고 결합하는 관계를 이루기 위해서는 하나님 앞에서 지체들과 시간을 공유해야한다. 1주일에 한 번 만나면서 생명 관계를 유지하기는 어렵다.

물질 역시 생명을 나누는 좋은 도구다. 성경에서는 물질이 일만 악의 뿌리라고 했지만 동시에 하나님 앞에서 사용하기 시작하면 가장 영향력 있는 도구가 된다. 교회는 서로를 세우며 계속해서 몸을 만들어가는 공동체다. 그래서 교회는 훈련 장소가 되어야 한다.

고린도전서 3장 16절 너희는 너희가 하나님의 성전인 것과 하나님의 성령이 너희 안에 계시는 것을 알지 못하느냐

교회는 성령 앞에서 성전이다.

성령은 폭발이라는 의미의 권능dunamis과 영향력을 만들어 주신다. 그리고 사랑을 통해 생명의 열매 맺기를 원하신다. 열매는 현실에서 이뤄지는 실천의 결과다. 내가 성전이 되기 위해서는 성령 안에서 민감하게 깨어 있어야 한다. 복종하고 헌신해야 한다.

신약에 나오는 교회는 제자를 부르고 세워서 보낸다. 하나님의 백성으로 몸을 이루고 그 몸이 성전이 되어 가는 곳마다 영향력을 끼치며 살아간다. 하나님이 주신 거룩함으로 연합하고 깨어서 열매를 맺을 때, 그것을 통해서 하나님은 이 땅에서 드러내려는 당신의 뜻과 모습을 성취해 가신다.

> 사도행전 1장 8절 오직 성령이 너희에게 임하시면 너희가 권능을 받고 예루살렘과 온 유대와 사마리아와 땅 끝까지 이르러 내 증인이 되리라 하시니라

하나님이 나를 부르시면 나는 증인이 되는 삶을 살겠다고 고백해야 한다. 이 신앙 고백은 예배를 통해 나타난다. 부르심에 응답하는 가장 중요한 태도는 예배다. 하나님 백성은 교회 안에서 예배를 드려야 한다. 그래서 주일 공동예배를 드린다. 주일은 단순한 의미의 주일이 아니라 하나님이신 예수님의 부활을 똑같이 경험하는 시간이다. 그리고 나 혼자만이 아니라 하나님의 백성들과 함께한다. 증언은 말투리아martyria라고 하는데 법적으로는 사실을 증거한다는 의미다. 신앙을 고백할 때도 목격자로서 사실을 증언해야 한다.

교회 안에서 세워진 사람은 코이노니아koinonia와 케리그마 kerugma를 해야 한다. 코이노니아는 서로 사랑하며 공동의 덕을 세우는 것이고, 케리그마는 '예수님이 주토. 주인시다'라고 선포하는 것이다. 몸과 몸을 연결하고 결합하는 것이 코이노니아이고, 생명을 공유하는 것이 케리그마다.

상호의존을 위해서는 의존에서 독립으로, 독립에서 상호의존으로, 단계를 밟아 가며 자라나야 한다. 우리는 부모님 밑에서 자녀로 살아가다가 어느 순간 독립해서 하나의 가정을 이루고 부부가 서로 의지하며 살아간다. 영적인 관계도 마찬가지다. 하나님에게 의존해서 살다가 어느 순간 독립해야 한다. 하나님은 우리가 하나님에게 받기만 하던 존재에서 동등한 친구가 되기를 원하신다. 부부의 관계로까지 자라나 서로 의지하는 관계를 맺고 싶어 하신다. 성부, 성자, 성령이신 하나님 자체가 상호의존적인 동시에 각각 독립적이다.

한국교회가 세상에서 힘을 못 쓰는 이유 중 하나는 계속 의존하는 관계에 머물러 있기 때문이다. 독립한 제자를 키우기 위해서는 제자훈련을 통해 상호의존 관계를 할 수 있는 사람으로 만들어야 한다. 상호의존 관계는 상당히 수준이 높은 관계의 방식이다.

교회의 본질

세상에 보내진 사람은 지극히 작은 자들, 곤경에 처한 자들에게 '디아코니아diakonia, 봉사'를 하는 사람이다. 지극히 작은 자는 가장 가까이 있는 한 사람이거나 같은 지역에 사는 사람, 아니면 우리 민족이나 열방일 수도 있다. 구약시대에는 고아와 과부와 나그네를 지극히 작은 자라고 헸다. 시대가 달라져서 지극히 작은 자에 대한 해석도 달라졌지만 다른 사람의 도움 없이는 살 수 없는 사람이라고 봐야 한다.

시카고에서 있었던 사건인데, 한 여인이 7살 아들과 함께 불법체류자로 붙잡혔다. 정부가 7살 아들을 데려가고 여인을 추방하려고 하자 여인이 아들을 데리고 한 교회로 들어가 숨었다. 시카고 주민의 80퍼센트 정도가 여인을 추방하라고 했지만 교회는 그 여인을 지극히 작은 자로 보고 정부에 협조하지 않았다.

> 야고보서 2장 1~2절 내 형제들아 영광의 주 곧 우리 주 예수 그리스도에 대한 믿음을 너희가 가졌으니 사람을 차별하여 대하지 말라. 만일 너

희 회당에 금 가락지를 끼고 아름다운 옷을 입은 사람이 들어오고 남루한 옷을 입은 가난한 사람이 들어올 때에

외모는 영어로 선호favoritism다. 선호는 기질이나 좋아하는 스타일을 말한다. 교회가 그런 것으로 사람을 대하지 말라고 말씀하신다. 어려운 교회일수록 금가락지를 끼고 아름다운 옷을 입고 온 사람을 보면 눈이 번쩍 뜨인다. 하지만 우리의 관심은 지극히 작은 자에게 있어야 한다. 세상의 조직은 사람을 외모로 판단한다. 세상의 합리적인 조직은 리더가 섬김을 받지만 '생명의 조직'은 리더가 전체를 섬긴다. 섬기는 자는 더 많이 소유하고, 더 많은 능력이 있는 사람이다. 큰 자가 작은 자를 섬기는 조직을 생명의 조직이라고 하는 이유는, 부모가 자녀를 보살피듯 약한 자를 섬겨주는 조직이기 때문이다. 목사는 내가 섬겨야 할 대상이 아니고 영적인 권위자로 인정하고 복종해야 하는 사람이다.

로마서 15장 1절 믿음이 강한 우리는 마땅히 믿음이 약한 자의 약점을 담당하고 자기를 기쁘게 하지 아니할 것이라

누가 강한 자이고 누가 연약한 자일까? 하나님과 친밀한 사람일수록 강한 자다. 상황에 따라 강한 자와 약한 자는 달라진다. 사람들이 밥 먹으려고 길게 줄을 서 있을 때는 주걱을 들고 배식하는 사람이 가장 강한 자이고, 배식을 받는 사람이 약한 자이다. 도로에서는 운전자가 강한 자이고 걸어 다니는 사람들이 약한 자이다. 강한 자와 약한 자는 상황에 따라 달라진다.

예수님이 제자들에게 '너희는 나를 누구라 하느냐?'라고 질문을 하신 곳은 '가이사랴 빌립보 지방'이었다. 그곳에서 베드로가 '주는 그리스도시오 살아 계신 하나님의 아들이시니이다'라고 고백했다. 베드로의 이 고백이 모든 복음서의 전반부와 후반부를 나누는 전환점이 된다. '가이사랴'는 황제caesar, 카이사르의 영어 이름가 있는 도시다. 로마의 황제는 살아 있는 신의 아들이었고, 주님은 그 가이사의 정신과 싸우셨다. 그래서 교회의 본질은 영적 전쟁터다. 보이는 것이 아니라 보이지 않는 것으로부터 시작하는 것이 교회다. 황제는 힘과 지식과 아름다움을 상징한다. 이 세 가지를 뛰어넘어야 주님의 몸이 되는 교회라고 할 수 있다.

교회가 힘을 가지려 하고 지식과 아름다움을 추구하려 하면 세상과의 경쟁에서 이길 수 없다. 목사가 아무리 잘생겨도 배우보다 못하고, 교회가 아무리 쇼를 잘해도 텔레비전 쇼 프로를 따라갈 수 없다. 교회 건물이 아무리 아름다워도 세상의 아름다운 건축물들을 이길 수 없다.

가이사랴라는 이름을 가진 지역을 지나는 예수님과 제자들의 행색은 초라하기 그지없었다. 주님은 너무나 초라하고 시저는 너무나 화려했다. 황제는 보이는 신, 보이는 지식, 보이는 아름다움을 이야기하는데 예수님은 보이지 않는 세계를 이야기하신다. 황제는 땅을 이야기하는데 예수님은 하늘을 이야기하신다. 황제는 육을 이야기하는데 예수님은 영을 이야기하신다. 황제는 현존하는 진리이지만 예수님은 영원한 진리다. 황제와 싸우지 않는다면 더는 교회라고 할 수 없다. 교회는 끊임없이 세속의 정신과 싸워야 한다.

마태복음 16장 18절 또 내가 네게 이르노니 너는 베드로라 내가 이 반석 위에 내 교회를 세우리니

교회는 주님을 향한 고백으로 세워진다. 복음은 예수님이고, 복음은 회복이다. 베드로의 고백은 예수님이야말로 마지막이자 유일한 희망이고, 예수님이 하나님이라는 고백이다. 예수 그리스도 한 분만으로도 족하다는 뜻이다. 예수를 이야기하지 않는 교회는 이단이 된다. 교회는 어떤 곳인가?

첫째, 교회의 주인은 주님이다.

마태복음 16장 18절에서는 '이 반석 위에 내 교회를 세우리니'라고 되어 있다. 주님이 교회의 주인이라는 말씀이다. '내 교회'가 '예수 교회'다. 교회는 겸손하고 온유해야 한다. 십자가의 길을 가는 곳이기 때문이다. 교회는 자원함이 살아 있어야 한다. 자원함을 기대하려면 인내가 필요하다. 따라서 무엇을 하든지 겸손과 온유로 해야 한다. 겸손과 온유가 빠져 있다면 종교적 교리만 있고 조직까지 있는 교회는 조폭보다 더 무서운 공동체가 될 수도 있다.

둘째, 교회는 죽고 부활하는 곳이다.

하나님은 연약한 자를 선택해서 쓰시는 분이다. '밭에 감추인 보화' 비유에 보면, 내게 진짜 필요한 것은 밭 안에 묻혀 있는 보물인데 그 밭을 산다. 쓸모없는 밭이라도 그 안에 보물이 있으니 산다. 이처럼 만나는 사람이 모두 밭이고 그 사람들 안에 예수라는 보물이 있다. 그들 안에 예수님이 계시기에 내가 모두를 받아들인다. 연약한 사람들이 많은 공동체일수록 하나님이 정말 많은 선물을

주셨다고 생각해야 한다.

셋째, 교회는 복종과 순종의 공동체다.

예수님은 하나님의 말씀대로 하셨다고 말씀하셨다. 하나님 나라는 거역의 나라가 아니고 순종의 나라다. 거역의 원리를 꺾으려면 누군가의 죽음이 있어야 한다. 그래서 예수님이 죽으셨다.

넷째, 교회는 생명 공동체다.

'음부의 권세가 이기지 못하리라_{마태복음 16장 18절}'라는 말씀은 생명이 사망을 이긴다는 약속의 말씀이다.

다섯째, 교회는 관계하는 곳이다.

'천국의 열쇠_{마태복음 16장 19절}'라는 말은 하늘과 땅의 관계를 보여준다. '말씀과 기도로 거룩해지니라'라는 말씀은 말씀을 가지고 기도하면 반드시 이루어주신다는 뜻이다. 기도를 통해 하나님의 뜻을 분별하고 하나님과 더욱 친밀해진다. 말씀은 하나님 나라를 확장할 뿐만 아니라 하나님과 동역할 수 있는 도구다. 천국의 열쇠를 주셨다는 것은 우리를 하나님의 동역자로 부르셨다는 의미다. '하나님 나라를 위해 제가 이것이것을 해야겠습니다'라고 기도하기 시작하면 하나님이 받아서 함께 그 일을 감당하신다.

교회 해부학

존 맥아더가 지은 책『교회 해부학』에는 그리스도인의 몸인 교회가 어떻게 세워지고 어떻게 성장해야 하는지가 나온다. 존 맥아더는 다음의 다섯 가지가 교회의 뼈대를 이루어야 한다고 주장했다.

첫째, 하나님을 경외함이 있어야 한다.

요즘 교회는 사람이 더 만족하도록 돕는 역할을 하려고 한다. 하나님과 올바른 관계를 맺을 때 다른 모든 것도 제자리를 찾을 수 있다.

'하나님을 가까이하라 그리하면 너희를 가까이하시리라_{야고보서 4장 8절}.' 내가 하나님을 가까이하면 하나님도 나를 가까이하신다. 그런데 내가 하나님에게 가까이 갈수록 예민해지기 쉽다. '죄인들아 손을 깨끗이 하라_{야고보서 4장 8절}'라고 하시니 하나님에게 가까이 가는데 갈수록 내 죄가 더 잘 보인다. 그 때문에 겸손해지기도 하지만 죄 때문에 슬퍼진다. 하지만 하나님 앞에서 나를 낮추면 주님이 나를 높여 주신다.

둘째, 성경의 절대 권위를 인정해야 한다.

성경 말씀은 하나님 말씀이다. 성경은 우리에게 구원할 만한 것들을 다 주셨다고 말씀한다. 성경은 교훈과 책망과 바르게 함과 의로 교육하기에 부족함이 없다고 말씀하신다. 어떤 문제가 터졌을 때 '내 생각에는'이라고 하기 전에 성경을 유일한 권위로 보고, 성경만이 유일한 진리라는 것을 인정해야 한다.

셋째, 건전한 교리가 있어야 한다.

성도는 하나님의 말씀으로 하나님과 만물에 대한 기본적인 진리를 배워야 한다. 하나님 말씀으로 세상이 지어졌고 이 말씀에서 세상 사는 원리와 진리가 나왔다. 따라서 성경이 인간이 어떻게 살아야 하는가에 대한 바른 기준을 보여준다.

넷째, 개인의 성결이 있어야 한다.

성도는 순결한 삶을 살도록 부름받았다. 이것을 절대로 놓쳐서는 안 된다. 개인의 성결은 하나님 앞에서 자신의 삶을 단정하게 가꾸는 것이다.

> 고린도후서 7장 1절 그런즉 사랑하는 자들아 이 약속을 가진 우리는 하나님을 두려워하는 가운데서 거룩함을 온전히 이루어 육과 영의 온갖 더러운 것에서 자신을 깨끗하게 하자

다섯째, 영적 권위를 인정해야 한다.

권위는 하나님이 주신다. 집사, 권사라는 직분도 목사가 주는 것이 아니고 하나님이 주셨다고 생각하고 받아야 한다. 내가 잘나서 받은 것이 아니라 하나님이 나를 사용하려고 주셨다는 믿음이 영적 권위다. 따라서 영적 권위를 받은 사람 앞에서는 분명하게

복종하는 태도를 보여야 한다. 영적 지도자는 내 영혼을 위해 나를 깨우쳐 주기 때문이다.

> **히브리서 13장 7절** 하나님의 말씀을 너희에게 일러 주고 너희를 인도하던 자들을 생각하며 그들의 행실의 결말을 주의하여 보고 그들의 믿음을 본받으라

> **히브리서 13장 17절** 너희를 인도하는 자들에게 순종하고 복종하라 그들은 너희 영혼을 위하여 경성하기를 자신들이 청산할 자인 것 같이 하느니라 그들로 하여금 즐거움으로 이것을 하게 하고 근심으로 하게 하지 말라 그렇지 않으면 너희에게 유익이 없느니라

영적 권위는 교회 안에서 질서를 세워준다. 따라서 영적인 은사를 받은 사람일수록 영적 권위를 분명하게 가르쳐야 하고, 자신도 권위자에게 복종해야 한다. 그리스도의 몸인 교회는 바른 체계를 가지고 있어야 하고, 그리스도인은 하나님을 귀히 여기고 하나님을 알기 위해 노력해야 한다. 그러려면 성경의 권위를 인정해야 한다. 우리는 성경을 통해 하나님을 알 수 있기 때문이다.

　　　11부 교회

12부
권리 포기

빌립보서 2장 5~11절 너희 안에 이 마음을 품으라 곧 그리스도 예수의 마음이니
그는 근본 하나님의 본체시나 하나님과 동등됨을 취할 것으로 여기지 아니하시고
오히려 자기를 비워 종의 형체를 가지사 사람들과 같이 되셨고 사람의 모양으로
나타나사 자기를 낮추시고 죽기까지 복종하셨으니 곧 십자가에 죽으심이라 이러
므로 하나님이 그를 지극히 높여 모든 이름 위에 뛰어난 이름을 주사 하늘에 있는
자들과 땅에 있는 자들과 땅 아래에 있는 자들로 모든 무릎을 예수의 이름에 꿇게
하시고 모든 입으로 예수 그리스도를 주라 시인하여 하나님 아버지께 영광을 돌
리게 하셨느니라

영적 발돋움

　헨리 나우웬은 『영적 발돋움』이란 책에서 신앙인이 영적으로 한 단계 성숙해지기 위해서는 다음과 같이 해야 한다고 설명한다.

　첫째, 외로움에서 고독으로 가야 한다.

　외로움을 느끼지 않는 사람은 없다. 많은 사람과 있어도 외로울 수 있다. 함께 있지만 마음을 나누지 못할 때, 대화하고 있지만 세계관이 다를 때, 우리는 외롭다. 외로움은 사람을 도박 중독, 게임 중독, 관계 중독, 약물 중독 등에 빠뜨리기도 한다. 외로움은 다른 사람과의 관계 때문에 만들어진 마음 상태이지만 고독은 스스로 선택한 것이다. 나우웬은 고독의 자리에서 하나님을 만나야 영적 발돋움이 가능하다고 말한다.

　둘째, 적대감에서 환대로 가야 한다.

　적대감은 사람 관계에서 나타나는 기본적인 감정이다. 사람은 계속 타인과 나를 비교하며 경쟁하려고 한다. 이런 현상은 보통 상대가 비슷한 나이일 때 더 심하다. 새로운 만남에 불안감을 느끼면 자신도 모르는 사이에 적대감이 생긴다. 적대감을 가진 사람을 본 사람도 마찬가지로 적대감을 느낀다. 이런 감정이 생기는 이유는 새로 만난 사람과의 관계 때문에 내가 손해를 보게 될지도 모른다는 막연한 두려움 때문이다. 성숙한 사람일수록 상대가 누구든 가리지 않고 환대한다. 남과 나를 비교하지 않고 자기본연의 모습에 당당하기 때문에 적대감을 느끼지 않는다. 이런사람은 그냥 말로만 환대하는 것이 아니라 영혼을 환대하는 성숙한 사람이다. 특히 지극히 작은 자를 환대할 수 있어야 성숙한 신앙인이다.

셋째, 망상에서 벗어나 현실에 눈을 뜨는 기도로 가야 한다.

말씀을 들은 사람은 나는 말씀대로 살고 있다는 망상에 빠지기쉽다. '네 이웃을 네 자신 같이 사랑하라 마태복음 22장 39절'라는 말씀을 들으면 실제로 그렇게 살고 있지 않은데도 그렇게 살고 있다고망상한다. 그래서 기도해야 한다. 기도가 지금 내 삶의 모습을 보여 주기 때문이다. 나를 위해서, 누군가를 위해서 하나님에게 간구하며 소통하고 구체적이고 실제적인 삶의 역사를 이루어 간다.

권리 포기의 의미

제자훈련에서 가장 중요한 주제가 권리 포기다. 권리 포기를 통해 하나님이 주시는 힘을 얻고 그 힘으로 영향력을 미치며 어떻게 살아야 하는지를 분명하게 깨닫게 된다.

> 요한복음 3장 16~17절 하나님이 세상을 이처럼 사랑하사 독생자를 주셨으니 이는 그를 믿는 자마다 멸망하지 않고 영생을 얻게 하려 하심이라 하나님이 그 아들을 세상에 보내신 것은 세상을 심판하려 하심이 아니요 그로 말미암아 세상이 구원을 받게 하려 하심이라

요한복음 3장 16절 말씀에서는 하나님이 아들을 어떻게 내어주셨는지를 말씀한다. 하나님이 그 아들을 내어 주신 이유는 온 세계를, 온 우주를, 하나님이 만드신 창조 질서를 사랑하기 때문이었다. 예수 그리스도는 역사 속에 오셔서 사랑을 체현(體現)—정신적인 것을 구체적으로 실현함—하고 있다. 하나님이 우리를 사랑하신다는 것도 예수 그리스도를 내어 준 사건을 통해 알게 된 것이다. 이것이

사랑의 본모습이다. 하나님은 우리가 살고 있는 세계에 역사를 통해 하나님의 뜻을 드러내시는데, 그 역사가 프로미시오promissio, 하나님이 약속하신 선교다. 하나님은 약속의 말씀을 계속 이루시는데, 아무 법칙 없이 움직이는 것이 아니라 하나님의 말씀으로 움직이신다. 말씀이 목적이고 수단이자 결과다.

요한복음 3장 17절에는 하나님의 아들이 이 세상에 오신 목적이 나온다. 하나님이 보내셨다는 말에는 세 가지 의미가 있다. 첫째, 보냄을 받은 자와 보낸 자의 지위가 같다. 보냄을 받은 자는 '전권대사, 위임자, 권력을 부여받은 자'다. 하나님은 아들을 전권대사로 보내셨다. 둘째, 하나님의 아들은 실행자다. 아버지가 말씀하신 것을 아들이 실행했다. 하나님은 세상을 구원하려는 뜻을 실행할 아들이 필요했다. 셋째, 하나님과 아들이 하나다. 하나님이 아들을 보내셨지만 그 아들이 곧 하나님이다.

그 관계를 보여주는 요한복음 15장 포도나무와 가지의 비유에도 세 가지 의미가 있다. 첫째, 하나님과 아들의 관계성이 배타적이다. 배타적이라는 것은 누구도 침범할 수 없는 관계라는 의미다. 둘째, 아버지와 아들의 관계는 사랑으로 이루어진다. 셋째, 그 관계는 반드시 계시의 관계다.

하나님의 아들은 보내심을 받고 자신을 내어 주신 분이다. 이것이 권리 포기다. 하나님은 우리와 동역하기 위해 스스로 힘을 빼셨다. 그러면 사람은 하나님이 어디 계시는지 모른다. 그때 내 속에 자원함이 살아서 믿음이 반응한다. 하나님이 힘을 빼셨다는 것은 하나님 스스로 권리를 포기했다는 뜻이다. 하나님은 자신의 권리를 포기하고 진정한 사랑의 관계를 맺기를 원하신다.

우리의 권리 포기도 사랑을 위한 것이어야 한다. 권리는 하나님에게서 온 것이기 때문에 사실은 포기가 아니라 드리는 것이다. 예수님이 자신을 내어 주신 동기가 사랑이듯 우리도 사랑 때문에 권리를 포기한다.

하나님에게 헌금하면 다시 두 배로 받을 것으로 생각하는 사람이 있다. 마음 깊은 곳에 돈 놓고 돈 먹기를 하는 도박이나 다를 게 없는 생각이다. 물론 하나님 앞에서 권리를 포기하면 다른 권리를 받는다. 그것이 진짜 권리를 받는 방법이다. 그런데 권리를 포기할 때마다 어떤 권리를 받게 될지 기대한다면 그 마음은 이미 받을 것을 계산한 도박일 뿐이다.

내가 권리를 포기하는 이유는 사랑 때문이다. 그래서 우리는 신앙 생활을 하면서 반드시 물어야 한다. 진짜 사랑이 동기가 되어 시작했나, 사랑의 과정을 거쳐서 사랑의 결과를 맺었나 묻는 것이다. 그렇게 했는데 두 배의 결과물이 생겼다면 그것은 상관없다.

교회 부흥도 마찬가지다. 부흥을 위해 무엇을 하든 상관없다는 생각은 하나님이 원하지 않는다. 부흥이 되든 안 되든 중요한 것은, 하나님 앞에서 내어 주고 권리를 포기하면 새로운 기름 부음이 있다는 것이다. 그래야 생명이 살아나고 자연스럽게 성장하고 성숙해진다. 다만, 권리를 포기하되 더 큰 권리를 갖는 것이 목적이 되어서는 안 된다. 권리는 하나님의 것이기 때문에 주님 앞에 드림으로 진짜 권리가 회복된다. 진정한 권리 회복을 위해 권리를 포기하는 것이다.

여호수아 1장 3절 내가 모세에게 말한 바와 같이 너희 발바닥으로 밟는
곳은 모두 내가 너희에게 주었노니

발바닥은 맨발이란 뜻이다. 맨발은 겸손의 표시다. 다시 말해
서 내가 권리를 포기했을 때 받게 되는 모든 것들이 진정한 권리
다. 권리 포기의 궁극은 하나님과의 교제이고, 내 권리 포기로 말
미암아 하나님이 하나님 되신다. 그리고 우리는 마지막에 상급을
받는다.

하나님이 하나님 되심

베드로전서 5장 4절 그리하면 목자장이 나타나실 때에 시들지 아니하는
영광의 관을 얻으리라

권리 포기로 받게 되는 상급에는 여섯 가지가 있다.

첫째, 영광의 면류관이다.

베드로전서 5장 2~3절은 시들지 않는 영광의 면류관을 받을 자
의 자세와 태도에 대해 세 가지로 말씀하신다. 먼저, 어쩔 수 없이
마지못해서, 싫어서, 억지로 하나님의 일을 하는 자가 아니라 하
나님 뜻을 좇아 자원하는 마음으로, 즐거운 마음으로 하나님 일을
하는 자다. 다음은 손익을 계산해 이익이 될 때만 일하는 것이 아
니라 즐거운 뜻으로 일하는 자다. 마지막으로 폭군이나 제왕처럼
군림하는 자세로 일하는 것이 아니라 그리스도의 본을 따라 일하
는 자다.

데살로니가전서 2장 19절 우리의 소망이나 기쁨이나 자랑의 면류관이

무엇이냐 그가 강림하실 때 우리 주 예수 앞에 너희가 아니냐

둘째, 자랑의 면류관이다.

바울에게는 데살로니가 성도가 자랑의 면류관이고, 우리에게는 우리가 전도한 자들이 자랑의 면류관이다.

> 디모데후서 4장 8절 이제 후로는 나를 위하여 의의 면류관이 예비되었으므로 주 곧 의로우신 재판장이 그 날에 내게 주실 것이며 내게만 아니라 주의 나타나심을 사모하는 모든 자에게도니라

셋째, 의의 면류관이다.

최후의 재판장으로 오시는 예수님이 그분의 의로우심을 믿고 사모하는 모든 자에게 의의 면류관을 주셨다. 의의 면류관을 쓴 우리는 정죄당하지 않고 하나님 나라에 참여하게 된다.

> 요한계시록 2장 10절 너는 장차 받을 고난을 두려워하지 말라 볼지어다 마귀가 장차 너희 가운데에서 몇 사람을 옥에 던져 시험을 받게 하리니 너희가 십 일 동안 환난을 받으리라 네가 죽도록 충성하라 그리하면 내가 생명의 관을 네게 주리라

> 야고보서 1장 12절 시험을 참는 자는 복이 있나니 이는 시련을 견디어 낸 자가 주께서 자기를 사랑하는 자들에게 약속하신 생명의 면류관을 얻을 것이기 때문이라

넷째, 생명의 면류관이다.

마귀의 시험과 환난 중에도 죽도록 충성한 자와 이것을 이긴 자에게 생명의 면류관이 주어진다.

고린도전서 9장 25절 이기기를 다투는 자마다 모든 일에 절제하나니 그들은 썩을 승리자의 관을 얻고자 하되 우리는 썩지 아니할 것을 얻고자 하노라

다섯째, 썩지 않을 면류관이다.

마태복음 27장 29절 가시관을 엮어 그 머리에 씌우고 갈대를 그 오른손에 들리고 그 앞에서 무릎을 꿇고 희롱하여 이르되 유대인의 왕이여 평안할지어다 하며

여섯째, 가시 면류관과 수없이 많은 면류관이다.

가시면류관을 쓰고 고난 겪으신 어린 양 예수 그리스도가 마태복음 27장 29절, 요한복음 19장 2,5절 부활과 승천을 통해 승리한 뒤에 수없이 많은 면류관을 받으셨다 요한 계시록 19장 12절, 요한복음16장 33절, 19장 30절, 20장 28절, 히브리서 2장 9절. 그런데 요한계시록에 보면 그것을 주님 앞에 드린다.

요한계시록 4장 10절 이십사 장로들이 보좌에 앉으신 이 앞에 엎드려 세세토록 살아 계시는 이에게 경배하고 자기의 관을 보좌 앞에 드리며 이르되

면류관은 권리를 통해 받는다. 그리고 그 권리를 주님 앞에 돌려 드린다. 이것이 하나님이 하나님 되심을 찬양하고 경배하는 것이다. 부끄러운 구원에는 내가 돌려드릴 것이 없다. 그러니까 엄밀히 말하면 포기할 만한 권리가 없다. 하나님이 하나님 되신다는 것은 우리의 권리 포기를 통해 하나님이 진정한 찬양과 경배를 받으신다는 뜻이다.

반대 정신

영적 전쟁을 할 때 가장 중요한 태도 중 하나가 권위자에게 복종하는 것이다. 그리고 영적 전쟁을 할 때는 반대 정신으로 살아야 한다. 예를 들어 내가 복종의 태도가 무너졌다면 교만한 마음과 거역의 태도가 있는 것이다. 그럴 때는 반대로 복종해야 한다. 마음속에 자리 잡은 탐욕을 이기는 방법은 관용을 베푸는 것이고, 충성하지 않았다면 불충성을 충성으로 바꿔야 한다. 독립정신이 있으면 상호의존으로 가야 한다. 부도덕한 영이 있으면 순결함으로 싸워야 한다. 은폐하는 것이 있다면 투명함으로 가야 하고, 미워하는 사람이 있다면 저주의 말이 아니라 축복의 말과 사랑으로 이겨야 한다. 이것이 반대 정신이다.

영적 전쟁을 할 때 이기는 방법은 결국 내 감정의 권리를 포기하고 반대 정신으로 축복하고 사랑하는 것이다. 그래서 원수를 사랑하라는 말씀은 원수를 향해 주신 말씀이 아니고 영적 전쟁에서 이기라고 나에게 주신 말씀이다.

이 말씀은 이웃을 위해 드린 참된 기도는 헛되지 않고 그 이웃이 내 기도에 합당하지 않다면 그 기도의 효과는 기도한 사람에게 돌아온다는 말씀이다. 친구를 위해 기도하고 애를 썼는데 친구가 배반했다면 그 기도가 나에게 돌아온다. 사랑은 사실 그 사람을 위해서만이 아니라 나를 위해 하는 것이다. 반대 정신으로 싸워야 권리 포기의 유익이 있다.

이 말씀에서는 뺨을 맞는 것 자체도 수치스러운데 왼쪽 뺨까지 돌려대라고 말씀하신다. 하나님 나라는 자존심에 대한 권리 포기에서부터 시작된다.

이스라엘 기후에서 겉옷은 생명을 보존하는 옷이다. 낮에는 덥고 밤에는 기온이 많이 떨어지기 때문에 속옷보다 겉옷이 훨씬 더 중요하다. 겉옷까지 주라고 하는 것은 생존권에 대한 권리를 포기하라는 말씀이다.

이 말씀에서는 내가 가고 싶은 만큼 가는 것이 아니라 그 사람이 원하는 만큼 더 가라고 하신다. 자유권에 대한 권리 포기다.

이 말씀은 재산권에 대한 권리 포기다. 산상수훈은 구약의 십계명과 맥을 같이 하는데 이스라엘 백성들에게 십계명은 구약 전체를 끌고 가는 열쇠 말key word과 같은 것이고 산상수훈은 신약 전체를 이해하는 열쇠. 이미 복을 받은 우리에게 계속해서 먼저 권리를 포기하라고 말씀하신다. 자존심, 생존권, 자유권, 재산권에 대한 권리를 포기하라고 말씀하신다.

그리스도인의 권리 포기

빌립보서 2장 5절 너희 안에 이 마음을 품으라 곧 그리스도 예수의 마음
이니

마음은 카르디아 kardia, 심장이다. 권리 포기는 예수 그리스도
의 심장을 가지고 있을 때 가능하다. 예수 그리스도의 심장을 가
진 사람이 온유하고 겸손한 태도로 살 수 있다. 나라는 존재는 하
나님의 자녀인데 종처럼 섬기는 자로 살아간다. 이것이 권리 포기
다. 주인인데 종의 모습으로 살아가는 것을 통해 새 피조물이 된
다. 권리 포기는 엄밀히 따지면 예수 그리스도의 심장을 가지고
있지 않으면 할 수 없다.

고린도후서 4장 7절 우리가 이 보배를 질그릇에 가졌으니 이는 심히 큰
능력은 하나님께 있고 우리에게 있지 아니함을 알게 하려 함이라

하나님이 우리를 질그릇으로 만드신 이유는 우리가 높아지지 않

게 하기 위해서다. 그런데 그 질그릇 가운데 보물이 있다. 질그릇은 깨지기 쉽고 유연성이 없고 부서지기 쉽다. 그런데 그 질그릇이 말을 한다.

> **고린도후서 4장 13절** 기록된 바 내가 믿었으므로 말하였다 한 것 같이 우리가 같은 믿음의 마음을 가졌으니 우리도 믿었으므로 또한 말하노라

> **고린도후서 4장 16절** 그러므로 우리가 낙심하지 아니하노니 우리의 겉사람은 낡아지나 우리의 속사람은 날로 새로워지도다

질그릇 가운데서 겉사람은 낡아지나 속사람은 날마다 새로워진다고 말씀하신다. 말하는 질그릇인데 그 말이 질그릇이 품고 있는 보물이다. 그것이 보물이라고 인정하는 것이 믿음이고, 그 믿음으로 말하게 된다. 그래서 말하는 질그릇이다. 그 말은 말씀을 뜻한다. 예수 그리스도라는 보물이 바로 말씀이다. 말씀을 믿음으로 받는다는 것은 카르디아kardia, 심장을 받는 것이다. '너희 안에 이 마음을 품으라'라는 말씀은 '심장을 품으라', '믿음을 품으라', '말씀을 간직하고 있으라'와 같은 말이다. 내가 말씀을 의지해서, 언약을 의지해서, 말씀을 신뢰해서, 주인이지만 종의 모습으로 살아간다.

> **빌립보서 2장 6절** 그는 근본 하나님의 본체시나 하나님과 동등됨을 취할 것으로 여기지 아니하시고

예수님은 하나님인데, 하나님 되심의 권리를 포기하셨다. 하나

님이 자신의 지위, 신분에 대한 권리를 포기하신 것이다.

첫째, 이것은 안락함에 대한 권리 포기다.

가진 배경, 선호하는 스타일, 기호, 경험한 문화, 물려받은 유산에 대한 권리를 포기하셨다. 안락함에 대한 권리를 포기할 때 수많은 사람이 나에게로 온다. 사나운 사자 같은 사람일수록 기준이 높아서 아무도 접근하지 못한다. 맹수일수록, 독을 품은 동물일수록 방어벽이 두껍고 더 높고 튼튼해야 한다. 초식동물이라면 울타리가 필요 없고 마음대로 다가갈 수 있고 누구든지 어울려 놀 수 있다. 하지만 맹수, 말하자면 기준이 많은 사람은 누군가를 있는 그대로 환대하기 힘들다.

요나는 안락함을 포기하기 힘들어했던 인물이다. '왜 하필 그 사람들입니까?', '원수 같은 민족앗수르-니느웨인데 그 사람들은 망해야 하는데'라고 생각했다. 그런데 하나님은 가서 그들에게 복음을 전하라고 명령하신다. 권리를 포기하라는 말씀이다.

어떤 성도는 인간관계에서 3 대 1의 법칙을 가지고 있다. 3 대 1의 법칙이란 자기가 세 번 정도 밥을 사면 한 번은 얻어먹어야 한다고 생각하는 것이다. 밥을 세 번씩이나 사줬는데 어떻게 한 번도 안 사냐고, 그런 사람은 인간도 아니라고 생각한다. 또 어떤 사람은 1 대 1을 말한다. 자기가 한 번 밥을 사면 한 번은 꼭 얻어먹어야 한다는 것이다. 이런 기준을 가지고 있으면 셈을 하게 된다. 한 번, 두 번, 세 번, 그다음에도 밥을 사지 않으면 끝이라고 하면서 관계를 끊어 버린다. 얼마나 많은 사람을 더 끊어 버리게 될지 상상이 안 간다. 그러나 주님은 일흔 번씩 일곱 번, 사백구십 번 용서하라고 하셨다. 밥으로 말한다면 그만큼 밥을 사라는 뜻이다.

몇 번 샀는지 셀 수가 없으니 잊어버리고 살라는 말씀이다.

내가 선호하는 스타일, 내가 원하는 사람, 나의 안락함을 추구하려는 마음을 내려놓을 때마다 그 기준에 걸려서 다가오지 못했던 사람들이 나에게 올 수 있다. 그때 하나님이 일하신다. 만약 예수님이 하나님으로 계신다면 누구도 하나님 앞에 갈 수 없을 것이다. 하나님의 기준에 걸리지 않는 사람은 아무도 없다. 그래서 주님이 땅으로 내려오셨다. 그래서 누구든지 하나님에게로 갈 수 있게 되었다. 우리의 기준과 권리를 포기하지 않으면 어떤 사람도 환대할 수 없다.

둘째, 잠에 대한 포기다.

예수 그리스도의 군사는 언제나 편안한 잠자리를 포기해야 한다. 이것이 편안함에 대한 권리 포기다. 잠에도 하향적인 잠이 있고, 상향적인 잠이 있다. 하향적인 잠이란 잠들 때마다 영이 죽게 되는 잠이고, 상향적인 잠은 잠을 통해 쉼을 얻고 힘이 나서 성장과 성숙의 밑거름이 되는 잠이다.

잠언 6장 10절 좀더 자자, 좀더 졸자, 손을 모으고 좀더 누워 있자 하면

잠언 24장 33~34절 네가 좀더 자자, 좀더 졸자, 손을 모으고 좀더 누워 있자 하니 네 빈궁이 강도 같이 오며 네 곤핍이 군사 같이 이르리라

여기서 말하는 잠은 하향적인 잠이다.

시편 127편 2절 너희가 일찍이 일어나고 늦게 누우며 수고의 떡을 먹음

이 헛되도다 그러므로 여호와께서 그의 사랑하시는 자에게는 잠을 주시는도다

이 잠은 상향적인 잠이다.

사도행전 12장 4~6절 잡으매 옥에 가두어 군사 넷씩인 네 패에게 맡겨 지키고 유월절 후에 백성 앞에 끌어 내고자 하더라 이에 베드로는 옥에 갇혔고 교회는 그를 위하여 간절히 하나님께 기도하더라 헤롯이 잡아 내려고 하는 그 전날 밤에 베드로가 두 군인 틈에서 두 쇠사슬에 매여 누워 자는데 파수꾼들이 문 밖에서 옥을 지키더니

감옥에 갇힌 베드로가 잠을 잔다. 죽을 상황인데 편히 자고 있다. 이 잠은 상향적인 잠이다. 다급해진 천사가 가서 발로 차서 깨우자 그제야 느긋하게 일어나서 감옥에서 나간다. 베드로는 죽음이 두려워서 예수님을 배신했지만, 나중에 부활하신 예수님을 보고 나니 더는 죽음이 두렵지 않았다. 그래서 죽을 순간에도 편안하게 잘 수 있었다. 요나서 1장에 보면 '욥바로 내려가고3절 배 밑으로 내려가서5절'라는 표현이 있는데 내려가서 배 밑에서 자고 있다. 이 잠은 하향적인 잠이다. 불순종하면서 불안해 하고 염려하면서 숨어서 잠을 자려고 한다.

잠에 대한 권리를 포기하라는 것은 편안한 잠을 자는 것조차 하나님 앞에서 내려놓아야 한다는 의미다. 잠자는 시간조차 하나님 앞에서 사용해야 한다. 하나님 앞에서 그 시간을 사용하는 것이 잠에 대한, 편안함에 대한 포기다.

셋째는 자기 방식대로 일하려는 권리, 다른 사람을 판단하는 권리, 옳고 그름을 따지려는 권리의 포기다. 그래야 한 몸 공동체를 세울 수 있다. 내 방식을 고집하고 내 판단만 중요하게 여기면서 옳고 그름을 계속 따지고 있으면 공동체를 세울 수 없다. 있는 그대로를 봐주는 것이 은혜다. 그리스도인들은 지체들이 바람에 깎이고 물에 깎이는 것을 보면서 함께 살아야 한다.

자기 부인_{비움}

빌립보서 2장 6~7절 그는 근본 하나님의 본체시나 하나님과 동등 됨을 취할 것으로 여기지 아니하시고 오히려 자기를 비워 종의 형체를 가지사 사람들과 같이 되셨고

예수님은 자기를 비움으로 생존에 대한 권리를 포기하셨다. 정상적인 출생의 권리를 포기했고, 사역을 위해 가족들과 함께 있을 권리도 포기했으며, 결혼해서 가정을 이룰 권리도 포기하셨다. 이것이 사랑하는 사람에 대한 권리 포기다. 사람에게 매여 있으면 계속 상처받는다. 사랑하면 사랑할수록 실망과 상처뿐이다. 다시 말해 사랑이 죄다. 사랑할 때마다 죄를 짓는다. 그 사람에게 매여 있기 때문이다. 그래서 사랑하는 사람에 대한 권리를 포기해야만 하나님이 관계를 회복시켜 주신다. 자녀도 배우자도 새롭게 이해가 된다.

배우자는 그냥 내가 만난 배우자가 아니라 하나님이 만나게 해 주신 배우자다. 그냥 내 사람이라는 것과 하나님이 나에게 붙여준

내 사람은 다르다. 내 사람이라는 권리를 포기해야 집착하느라 허비하는 시간을 줄일 수 있다. 주님이 그렇게 하셨다.

자기 비움은 생명의 포기다. 죽고자 하면 살고, 살고자 하면 죽는다. 우리는 하나님의 군대다. 하나님의 군대에는 반드시 희생자가 있다. 순교자의 죽음을 세상의 방식으로 보면 억울한 죽음이다. 우리 민족을 위해 죽은 첫 번째 순교자는 토마스 선교사였다. 그는 실제로 복음을 전하지도 못하고 죽었다. 우리나라 땅에 발을 딛자마자 죽었기 때문이다. 그런데 하나님은 그 순교의 피를 통해 조선이 그의 발자취를 기억하게 하셨다. 생명의 권리를 포기했을 때 새로운 생명을 낳는다. 생명은 내 것이 아니기 때문이다.

자기 비움은 자기 감정과 의지, 지식을 포기하는 것이다. 주님은 제자들을 부르실 때 세 가지를 말씀하셨다.

첫째는 감정 포기다.

> 마태복음 8장 21~22절 제자 중에 또 한 사람이 이르되 주여 내가 먼저 가서 내 아버지를 장사하게 허락하옵소서 예수께서 이르시되 죽은 자들이 그들의 죽은 자들을 장사하게 하고 너는 나를 따르라 하시니라

이 말씀을 읽으면 주님이 참 몰인정한 분 같다. 장례를 치르는 것은 인간 세상에서 굉장히 중요하게 여기는 문화이자 예의다. 하지만 주님을 따르는 사람은 감정조차도 내려놓고 복종해야 한다는 것을 말씀하신다. 그만큼 우리의 의지와 진리 지식을 제대로 사용하지 못하게 하는 걸림돌의 하나가 감정이다. 감정이 틀어지면 아

무리 옳은 말을 해도 알아듣지 못한다. 주님 앞에서는 우리의 감정도 비워야 한다. 내 감정을 내 마음대로 할 권리를 포기하기 위해 가장 중요한 것이 용서다. 나는 도저히 용서하지 못하는 사람인데 하나님이 용서하셨다. 그러니 나도 하나님 앞에서 내 감정을 내려놓아야 한다.

둘째는 의지 포기다.

> 마태복음 19장 20~22절 그 청년이 이르되 이 모든 것을 내가 지키었사온대 아직도 무엇이 부족하니이까 예수께서 이르시되 네가 온전하고자 할진대 가서 네 소유를 팔아 가난한 자들에게 주라 그리하면 하늘에서 보화가 네게 있으리라 그리고 와서 나를 따르라 하시니 그 청년이 재물이 많으므로 이 말씀을 듣고 근심하며 가니라

부자 청년이 주님에게 와서 지킬 것을 다 지켰는데 무엇이 부족하냐고 묻는다. 주님은 네 소유를 다 팔아 나눠주고 나를 따르라고 하셨다. 이것이 의지 포기다. 내가 하나님을 따르겠다고 결심했다면 의지도 내려놓아야 한다. 의지는 내가 무엇인가를 가지려는 마음이다. 주님은 그것조차 내려놓고 따르라고 말씀하신다. 청년은 근심하며 돌아갔다.

셋째는 지식 포기다.

> 마태복음 24장 36절 그러나 그 날과 그 때는 아무도 모르나니 하늘의 천사들도, 아들도 모르고 오직 아버지만 아시느니라

마지막 때를 오직 하나님 아버지만 안다고 하는 것은 예수님이 하나님 아버지 앞에서 그 모든 진리 지식에 복종하고 순종하겠다는 의미다. 이것은 자신의 지식에 대한 권리를 포기하는 것을 말한다. 아버지로부터 오는 지식이 참지식이기 때문이다.

종의 형체, 자유 포기

예수님이 자유를 포기했다는 것은 종이 되신 것을 의미한다. 자유를 포기하려면 먼저, 사람들에게 받는 칭찬과 인정을 포기해야 한다. 그래야 하나님의 눈동자 앞에 서게 된다. 하나님의 눈동자 앞에도 있고 싶고 사람에게도 칭찬받고 싶어하는 것은 양다리를 걸치는 것과 같다. 주님은 양다리를 허용하지 않는다. 둘 중 하나를 선택하라고 하신다.

물론 하나님에게 인정받으면 사람에게도 덕이 될 수 있다. 그러나 하나님에게 인정받으면 반드시 사람에게도 인정받는다는 생각은 유대교 정신이다. 하나님에게 인정받아도 사람에게는 고난과 질시를 받을 수 있다. 그래서 욥은 유대교 정신으로는 도무지 해석이 되지 않았다. 하나님 앞에서 인정받는 사람은 늘 축복을 받아야 한다고 생각했기 때문이다. 하나님 앞에 있는 사람이 고난을 받는다면 권리를 포기하는 과정을 거치며 오직 예수 그리스도를 통해서만 모든 것을 할 수 있다는 것을 깨달아야 한다. 나의 권리 포기를 통해 하나님이 어떻게 권리를 회복시켜 주시는지를 이해해야 한다.

자유의 포기란 육체의 자유를 포기하는 것이기도 하다. 사도바울은 옥중에서 살았다. 감옥에 가거나 육신에 매여 있더라도 육체의 자유에 대한 권리를 포기하면 자유가 억압받는 지역에 가서도 선교할 수 있다는 비전이 생긴다. 사도바울은 감옥에서 더 많은 일을 한 사람이다. 육신이 갇혀 있는 것을 두려워하면 아무것도 할 수 없다. 따라서 육체의 자유까지도 포기해야 한다.

재산_{물질} 포기

물질을 포기해야 하나님이 나를 축복의 통로로 쓰신다. 돈, 물질은 일만 악의 뿌리다. 돈 그 자체가 악한 것이 아니다. 돈은 가치중립이다. 그런데 돈을 누가 쓰느냐에 따라 힘이 되기도 하고 악이 되기도 한다. 물질은 그만큼 영향력이 있어서 일만 악의 뿌리가 될 수도 있고, 하나님 나라를 위해 쓰일 수도 있다. 돈에 대한, 물질에 대한 권리를 포기해야 청지기가 될 수 있다.

예를 들어보자. A집사에게 하나님이 물질의 은사를 주셨다. B집사는 실제로 돈이 많아서 물질의 은사를 사용하며 사는 분으로 십일조를 한 달에 천만 원씩 한다. 어느 날 A집사가 목사님을 찾아와서 1억이 필요하다고 B집사에게 돈을 빌릴 수 있도록 얘기해 달라고 부탁했다. B집사는 1억 정도는 충분히 빌려줄 여유가 있는데도 그 부탁을 거절했다. 두 사람을 보면서 목사님이 A집사를 위해 기도했는데 하나님이 그 1억을 풀어주지 않을 것이라는 마음을 주셨다. A집사가 물질의 은사를 갖기 위해서는 그 고난을 통과해야 했기 때문이다. 그러나 B집사가 거절했을 때 A집사는 분노했다. 하지만 B집사가 부탁을 들어줬다면 A집사는 물질의 청지기가 될 수 없었다.

스데반은 돌에 맞는 순간 도망갈 수 있었지만 그렇게 하지 않았다. 그래서 유대인들은 더 화가 났다. 스데반은 오히려 예수님이 하나님이라고 조목조목 설교를 했다. 그러면서 날아오는 돌을 온몸으로 다 맞았다. 하나님은 우리에게도 스데반처럼 돌에 맞는 고통을 뚫고 지나가라고 말씀하신다. 물질에 대한 권리를 포기해야 하나님이 주신 물질을 하나님의 것으로 쓸 수 있다.

〈그림 8〉 열린 재정과 닫힌 재정

나에게 주신 물질을 사용하는 두 가지 마음이 있다. 열린 재정의 마음과 닫힌 재정의 마음이다. 우리는 기본 재정과 내가 하루하루 일하면서 받는 수입, 그리고 믿음으로 구하는 믿음의 재정을 다 가지고 있어야 한다. 많은 신앙인이 믿음의 재정에 대해서는 잘 알지 못하는데 10퍼센트는 믿음으로 구해야 할 재정이다. 제자에게는 이런 재정 훈련도 필요하다.

기본 재정과 수입의 재정과 믿음의 재정을 합해서 300만 원이 있었는데 어느 순간 수입이 조금씩 늘어서 500만 원이 되었을 때 열린 재정이라면 지출도 함께 늘려서 사용하게 된다. 한 달에 수입이 1,000만 원인데도 사는 게 너무 힘들다는 사람이 있다. 예전에는 2,000만 원으로 살았는데 수입이 1,000만 원으로 줄었기 때문이다. 보는 사람의 처지에서는 '참 별사람 다 있네'라고 할 수 있겠지만 그 사람 처지에서는 그럴 수 있다. 2,000만 원으로 늘려놓은 지출을 갑자기 줄여야 하기 때문이다. 이렇게 열린 재정은 끝이 없다. 멈출 수가 없는 것이 열린 재정이다.

재정은 닫아 놓고 살아야 한다. 내가 300만 원으로 한 달을 살겠다고 결정했는데 270만 원을 벌었다면 30만 원은 믿음의 재정으로 구해야 한다. 믿음의 재정을 구해서 받았다면 잘 받아서 쓰면 된다. 만약 500만 원을 벌게 돼서 200만 원이 남으면 보통은 저축하거나 지출을 늘린다. 그런데 닫힌 재정에서는 그 200만 원을 하나님 나라를 위해 흘려보낸다. 하나님 나라를 위한 이 같은 헌신이 없다면 공동체는 세워질 수 없다. 기본적인 재정을 묶어 놓고 나머지는 하나님 나라를 위해 흘려보내겠다는 재정관을 가지고 훈련하면서 감당해야 한다. 물질에 대한 권리 포기는 주는 삶이다.

시편 23편은 내어 주는 삶의 한 측면을 보여 준다. 1절에 보면 '여호와는 나의 목자시니 내가 부족함이 없으리로다'라고 고백하는데 계속 1절만 읊조리고 있으면 듣는 사람은 화가 난다. 그런데 5절로 가면 '내 잔이 넘치나이다'라고 고백한다. 이 말씀은 1,000만 원을 하나님에게 은혜로 받았다고 간증한 사람이 그 간증을 듣고 있는 사람들과 100만 원씩 나눠 가졌다는 말이다. 그래서 5절의 간증을 듣는 사람들은 '아멘' 할 수 있다. 물론 1절의 간증도 중요하다. 그런데 부족함이 없다고 고백하는 어린아이 수준의 물질관에서 빨리 떠나야 한다. '내 잔이 넘치나이다'라고 고백하면서 나눠야 더 많이 자란다. 주는 삶이 결국 다시 받는 삶으로 돌아온다. 고린도후서 9장 6절에서는 심은 대로 거둘 것이라고 말씀한다. 물질은 심으면 심을수록 점점 더 풍성해진다.

미국에서는 한 사람이 주일마다 내는 헌금이 1불 정도밖에 되지 않는다. 처음에 미국 교회 사정을 잘 몰랐을 때는 그것으로 교회가 어떻게 운영될까 궁금했다. 그런데 죽음을 앞둔 사람들이 모든 재산을 교회에 드리겠다는 유언을 한다는 말을 듣고 그 궁금증이 풀렸다. 하나님 나라는 현실에 실제로 존재하는 나라다. 그래서 기도하다가 어떤 사람에게 물질을 흘려보내야겠다는 마음이 들었다면 기꺼이 감당해야 한다.

　　　12부 권리 포기

주제별 성경연구

한국교회가
잃어버린
신앙의 기조
12가지

2023년 1월 5일 초판 1쇄
2023년 3월 27일 초판 2쇄

지 은 이 정영구
펴 낸 곳 누림과 이룸
편　　집 김형준, 전정숙, 박영희

등　　록 제25100-2017-000010
주　　소 서울시 동작구 사당로27길 78(사당동) 501호
전　　화 02-811-0914
이 메 일 zeronine86@hanmail.net
페이스북 facebook.com/nurimiroom

디 자 인 최중천
인　　쇄 디자인화소

ISBN 979-11-91780-08-6
정 가 15,000원